공부를 사랑하라

공부를
사랑하라

초판 1쇄 2021년 3월 1일 발행

지은이 | 유동걸
펴낸곳 | 한결하늘
출판등록 | 제2015-000012호
전화 | (031) 8044-2869
팩스 | (031) 8084-2860

ISBN | 979-1188342-15-0

이 도서의 국립중앙도서관 출판예정도서목록은 서지정보유통지원시스템 홈페이지
(http://seoji.nl.go.kr)와 국가자료공동목록시스템(http://www.nl.go.kr/kolisnet)에서
이용하실 수 있습니다.

공부를
사랑하라

게으름뱅이
쿵푸 고수 팬더의
공부 이야기

유동걸 지음

한결하늘

공부는 쿵푸다!

　어린 시절 나는 학교 성적이 그다지 좋지 않았다. 그럭저럭 공부 못한다는 소리는 듣지 않았지만 앎다운 공부, 나다운 공부, 삶다운 공부가 무엇인지 알지 못한 까닭에 공부를 잘할 수 없었다.

　학생들에게 우리말과 글을 가르치면서 공부하는 삶의 길에 들어온 지 어언 스무 해가 넘었지만 나는 여전히 공부를 잘하는지 확신이 없다. 나이 오십에 접어들면 하늘의 뜻까지는 알지 못해도, 공부의 의미나 방법, 목표 등을 이제는 조금 알 듯도 한데 여전히 내 몸속에, 삶 속에 공부의 알짬이 녹아들지 못한 까닭이다.

　공부란 무엇일까? 왜 인간은 공부를 하며 살아가야 할까? 호랑이 담배 피우던 옛적부터 공부를 해야 한다, 공부해라는 말을 절대적 원칙이자 금과옥조처럼 떠받들었다. 공부를 하지 않으면 온전한 인간으로서 살아가기에 힘겨워지고 불행이 찾아온다고 했다. 심지어 공부하지 않으면 존재하지 않는다고까지 하는 걸 보면 분명 공부에는 보이지 않는 힘이 담겨 있고, 공부는 우리 삶과 떨어질 수 없는 중요한 덕목임에 틀림이 없다.

공부의 힘과 기운을 어디서 배우고 찾을까 고민하던 차에 영화 〈쿵푸 팬더〉를 만났다. 정확히 말하면 〈쿵푸 팬더〉를 보고 쓴 한 편의 글을 읽었다. 새로웠다. 주인공인 팬더가 펼쳐가는 공부의 과정이 배꼽 잡게 재미나고 눈물나게 흥미로웠다. 〈쿵푸 팬더〉 안에 예사롭지 않은 공부의 철학과 기술, 궁극적 목표와 방법 등이 보였다. 오랜 세월 내 인생의 묵직한 화두였던 공부의 고갱이가 한눈에 펼쳐져 보였다. 유레카!

'아! 이것이 진정한 공부구나' 할 만한 알짬들이 빼곡히 담겨 있었다. 공부의 과정에서 반드시 거쳐야 할 꿈 찾기, 탈주, 우정과 사랑, 스승, 자기 비움 등이 〈쿵푸 팬더〉 안에서 파노라마처럼 펼쳐져 있었다. '그래, 이게 바로 공부구나, 공부의 참 맛은 이런 거로구나' 하는 느낌이 들었다.

〈쿵푸 팬더〉, 이 영화를 통해 나는 비로소 공부에 눈을 떴다. 우리는 왜 공부를 해야 하는지, 어떻게 공부해야 잘할 수 있는지, 공부의 마지막 단계는 무엇인지 깨닫게 되었다.

많이 알려진 것처럼 〈쿵푸 팬더〉는 세계적으로 흥행에 성공한 대표적인 할리우드 애니메이션이다. 상업적으로 잘 만들어진 영화 한 편을 가지고 대단한 깨달음이라도 얻은 양 호들갑을 떤다고 흉을 볼지도 모르겠다. 좋다. 어차피 공부란 내 느낌, 내 생각, 내 감각과 논리로 내가 말하고 싶은 것을 내 이웃과 나누는 지난한 싸움의 과정과 다르지 않다면, 나의 눈으로, 나만의 관점으로 바라본 〈쿵푸 팬더〉의 공부 이야기를 해보는 것도 의미가 있으리라 여겼다.

일단 〈쿵푸 팬더〉의 제목에 나오는 '쿵푸'의 의미를 살펴보자. 인문학 고전을 연구하는 문성환(남산강학원 연구원)은 다음과 같이 말한다.

> 공부는 쿵푸라는 말이 있다. 일단 두 말은 중국어 발음이 같다. 공부가 쿵푸라니? 쿵푸라는 말을 들으면 이소룡이나 성룡 혹은 팬더가 떠오르는데. 하지만 공부란 원래 숙달된 능력이란 뜻을 가지고 있다. 그러니 공부와 다를 게 없다. 공부 또한 단지 책상에 앉아 지식을 습득하는 행위가 아니다. 공부란 앎을 통한 지혜로운 삶의 숙달을 향해 나아가는 과정 전체를 지칭한다. 공부에 관한 편견은 지식과 삶을 분리시킨 현대인의 발명품에 지나지 않는다.
> ─『전습록, 앎은 삶이다』

결국 〈쿵푸 팬더〉의 쿵푸는 공부功夫다. 그리고 공부功夫는 공부工夫다.

즉, 공부功夫는 쿵푸kung-fu가 되고 다시 쿵푸는 공부工夫가 된다.

쿵푸kung-fu의 한자는 공부功夫다. 그리고 공부功夫는 우리가 밥 먹고 늘 듣는 이야기인 '공부해라'의 공부工夫와 어원을 같이한다. 철학자 김용옥에 따르면 우리가 지금 사용하는 '공부'라는 말의 어원은 원래 공부功扶였다. '내 자신의 몸과 이 세상에 의미 있는 공功을 세우기 위해서 힘을 잘 쓸 수 있도록 북돋아 준다扶'는 뜻이다. 우리 몸이 힘을 내기 위해 북돋는 가장 좋은 방법은 잘 먹고 잘 놀고 잘 읽고 잘 쓰는 것이다. 그게 공부다.

이러한 의미의 공부功扶가 자신의 몸을 수련하는 무술적인 의미의 공부功夫로 바뀌었고, 이 말이 다시 우리나라에서는 학교에서 학문을 배우고 익히는 공부工夫로 의미가 변해 왔다. 따지고 보면 중국어 쿵푸는 공부功夫이자, 공부工夫인 셈이다. 그러니까 영화 〈쿵푸 팬더〉는 별로 잘난 것 없는 곰퉁이 포가 자신을 조금씩 알아가면서 성장해 가는 눈물 나고 흥겨운 쿵푸 수련기, 즉 팬더의 치열한 공부의 기록이다.

이 책에서 다룰 공부의 주제들을 간략히 정리해 보기로 하자.

팬더 포에게는 꿈이 있었다. 꿈을 찾기 위해 집을 나섰고, 스승을 만났다. 과거의 자기를 부정하는 아픔을 겪었고, 그 아픔을 이겨내기 위한 몸의 수련을 충실히 했다. 앎의 문제, 욕망과 자신을 발견하고 자기를 비워내는 과정도 팬더가 겪은 철저한 공부의 주제였다. 이 정도면 이 시대의 공부하는 사람들이 고민할 법한 주제와 핵심이 거의 들이 있다고 할 수 있다.

〈쿵푸 팬더〉의 쿵푸가 공부라면 〈쿵푸 팬더〉는 팬더의 공부 이야기라고 바꾸어 말할 수 있다. 공부를 지극히 사랑했던 팬더가 자아를 찾기 위해 온몸으로 배우고 익히며 수련하는 과정에 대한 이야기라는 뜻이다.

공부를 사랑하다니! 요즘 세상에 공부를 진정으로 사랑한다는 것은 웬만해서는 쉽지 않을 듯하다. 하지만 영화 속에서 주인공 팬더는 외친다.

"나는 공부를 사랑한다! I love kung fu"라고.

모쪼록 이 책을 읽는 모든 이들이 진심으로 공부와 자신을 사랑하고 자아를 발견하여 자기 삶의 목표와 의미를 명확히 해서 자유로운 삶을 살아가길 바란다.

내가 살아오는 동안 공부의 영감을 준 모든 스승과 벗들에게 이 책을 바친다.

모두 공부를 사랑하기를!

2014년 1월
유동걸

공부를
사랑하라
|
AMOUR
KUNG
FU

01
새 봄, 새롭게 바라봄

꿈이 실현되지 않는 원인은 그 바람이 비현실적이어서가 아니라 그 바람을 실현하고자 하는 의지와 노력이 부족하기 때문이다.

- 다케우치 히토시

꿈은 이루어진다. 이루어질 가능성이 없다면 자연이 우리에게 꿈꾸게도 하지 않았을 것이다.

- 존 업다이크

꿈의 탄생

　소년은 만화를 좋아했다. 공부하는 척 책상 앞에 앉아 만화책을 보다가 엄마가 방에 들어어올 때면 교과서나 참고서 밑에 숨겨두곤 했다. 학교와 집을 오가는 길에 걸어가면서 봤고, 수업시간이나 쉬는 시간에도 몰래 보는 게 큰 즐거움이었다.

　"학교 다녀왔습니다!"

　"씻고 공부해라. 네가 좋아하는 엿 사왔단다."

　"우와, 맛있겠다."

　"그리고 용돈 500원."

　"와, 용돈까지. 고맙습니다."

　방에 들어가서 공부보다는 가방에서 꺼낸 만화책에 신나게 빠져들다가, 책상 밑에 숨겨둔 만화책들을 찾았는데, 하나도 없는 것이었다.

'그, 그럼······.'

순간 머릿속에 스쳐가는 것은······. 쏜살같이 뛰어나갔지만, 엿장수는 어디에도 보이지 않았다. 만화를 매우 좋아해서 만화가게 주인이 되고 싶었던 어린 날 소년의 꿈은 그렇게 멀어져갔다.

오래전에 본 만화책에 나오는 이야기다.

어렸을 적 꿈은 누구에게나 아련한 추억이고 일평생 간직하는 신기루 같은 것이다. 방금 꾼 꿈도 생각나지 않는데 어렸을 적 꿈이 무엇이었는지 가물가물한 것은 그리 이상한 일이 아니다.

부모들은 게임이나 만화에 빠져 시간을 보내는 아이들의 성격이 공격적으로 변하는 데다 공부를 멀리한다고 걱정이고, 정부는 게임 규제 법안을 만든다, 중독 치유 프로그램을 짠다고 난리다. 아이들은 과도한 입시 교육 환경 속에서 자유로운 시간 활용과 경제적 능력을 보장받지 못한다. 그리하여 다양한 문화를 누리며 좋아하는 것을 즐길 수 있는 여건을 차단당한 아이들이 만화나 게임에 집중하게 되는 것은 자연스러운 현상이다. 컴퓨터와 게임기, 스마트폰 등을 접할 수 있는 통로는 가까운 반면, 문화 활동을 즐길 여유와 시간, 사회적 여건은 너무나 부족한 것이다.

학교와 집과 사회, 그 사이에서 꿈을 꾸다가 길을 잃어버리고 숱한 실패와 좌절을 겪고 희망 없는 삶을 살아온 게 지금 20대, 30대들일지도 모른다. 아니, 꿈속에서 길을 잃은 게 아니라 길 잃은 꿈을 꾸어온 것일 수도 있다.

시험을 앞둔 고등학교 교실. 어느 학교에서나 언제나 자습과 열공이 한창이다. 점심시간에 축구를 하고 들어온 탓에 교실에는 땀 냄새가 가득하고 학생들은 책을 펴기 무섭게 고개를 떨군다. 교실 한구석에서는 새근새근 숨소리도 귀엽다. 평소 종만 치면 매점으로 뛰어가던 아이도 입으로 무언가를 씹는 듯 오물오물 입 모양이 독특하다.

이 아이들은 무슨 꿈을 꾸는 걸까. 꿈속에서는 경쟁도 시험도 없는 시원한 바람 같은 자유를 만끽하고 있을까. 성적에 따라 삶의 순위가 매겨지는 쳇바퀴 속의 다람쥐들이 아니라 직업이든 대학이든 여행이든 학교를 벗어나서 자기 삶의 주인이 되어 잘들 살아가고 있을까?

•이건 국수 꿈이 아니야!

전설의 용사에 대한 포의 꿈은 그렇게 고요히 찾아온다. 청소년이면 누구나 한 번쯤은 꾸어 봤을 영웅의 꿈! 세상이 위기에 처했을 때 발벗고 나서는 어벤저스의 용사들, 배트맨, 엑스맨, 아이언맨, 헐크들처럼.

피바람이 예고되는 무림. 삿갓을 눌러쓴 한 사나이가 나타난다. 그의 쿵푸 기술은 가히 전설적인 수준. 유명한 악당들을 찾아 세상을 떠돌다 어느 주점에 들러 음식을 주문해 먹는다. 예정된 수순처럼 조무래기 건달들이 시비를 건다. 쿵푸에는 긴 말이 필요 없다. "아비요~!" 싸움을 시작한다. 전설적인 영웅의 탁월한 무공에 악당들은 눈 멀고 도망간다. 수천 수만의 무리가 달려들지만 상대가 되지 않는 싸움이다. 여태껏 그렇게 두렵고 뛰어난 무림계의 고수는 없었다. 날고 기는 영웅들인 '분노의 5인방'마저도 고개를 숙인다. 그들과 합세한 전설의 삿갓은 5인방과 힘을 합쳐 악마산의 수많은 악당들을 모두 물리친다. 그리고 절정의 순간 가장 중요한 일이 벌어지는데……

"포, 일어나! 일에 늦겠다. 늦겠어."

누군가의 목소리가 들리는데, 알고 보니 꿈이다. 이렇게 허탈할 수가!

벽에는 분노의 5인방 그림이 그려져 있고 창가에는 그들 모형이 폼을 잡고 서서 팬더를 바라본다. 비로소 꿈이라는 게 실감나는 순간이다.

몽키, 맨티스, 크레인, 바이퍼, 타이그리스.

이들 분노의 5인방은 주인공인 팬더 포의 오랜 염원이자 우상이다. 하지만 포의 꿈을 깨뜨린 아버지의 꿈은 다르다.

언제나 그렇듯이 부모와 자식의 꿈은 어긋난다. 가문의 전통을 잇기를 바라는 아버지와 새로운 길을 열어가고 싶은 자식의 꿈. 못난 자식이긴 하지만 아버지의 꿈을 차마 외면하지 못하는 착한 포는 아버지의 마음을 헤아리는 효심을 보인다.

"무슨 소리가 들렸는데 뭐했니?"

"이상한 꿈을 꾸었어요."

"무슨 꿈인데?"

"국수 꿈이요!"

"정말 국수 꿈이야?"

드디어 아들이 국수 꿈을 꾸다니, 기뻐서 어쩔 줄을 모르는 포의 아빠. 날마다 집에서 죽치며 게으른 생활만을 하던 포의 말에 반색한다. 대대로 전수받은 가업을 아들에게 이어주기 위해 이날을 얼마나 기다렸던가. 아버지에게 포의 꿈은 하늘의 계시처럼 느껴지면서 자신이 걸어온 길을 떠올리게 만든다.

"내 아들이 국수 꿈을 꾸다니, 내가 이 순간을 얼마나 기다렸는지 모른다. 이건 표징(sign)이야."

"무슨 표징이요?"

"내 비밀 재료인 국수 국물과 국수의 맛을 전수받을 때가 된 거다. 그리고 너는 하늘의 뜻에 따라 국수가게를 물려받는 거야. 내가 아버지한테 물려받고 아버지는 그 아버지로부터, 그 아버지는 친구한테 마작에 이겨서 딴 거지."

"아빠, 아빠, 그냥 꿈이었어요."

"아니, 그냥 꿈이 아니다. 우린 국수 가문이다. 혈관에는 육수가 흘러."

"아빠, 다른 일을 해보고 싶은 적은 없었어요? 국수 말고요?"

"사실 내가 젊었을 때 나는 집을 나가서 '두부' 만드는 걸 배우려 했지."

"왜 하지 않았어요?"

"명청한 꿈이잖니. 내가 두부 만드는 게 상상이 돼? 두부라니. 아니야! 우린 각자 자리가 있는 거야. 내 자린 여기고 네 자리는……."

"알아요, 그건 저기……."

"노! 2, 5, 7, 12 테이블이다. 웃으면서 서빙해~!"

가문과 전통을 중시하는 아버지. 포가 오르지 못할 나무를 쳐다보며 헛된 꿈을 꾸기보다 자신의 기술을 배워서 가계를 이어가기를 바란다. 아버지는 하늘로부터 계시라도 받은 듯 기뻐 어쩔 줄 모르지만, 국수를 나르는 포의 눈에 비친 것은 테이블의 손님들이 아니라 포가 날마다 꿈꾸는 쿵푸의 전당인 '계단 위의 성'이다. 구름 속에 가려진 쿵푸의 성이야말로 포가 얼마나 오랜 세월 염원해 온 꿈인가.

I see you

그렇다. 공부의 첫 걸음은 꿈이다. 꿈의 간절함이, 꿈의 명료함이 현실을 부른다. 꿈이란 무엇인가? 아마도 '꾸다'라는 동사에서 왔을 법한 단어다. 남에게 무언가를 꾸어 오는 행위, 빌리는 행위를 말한다. 여기서 남이란 사람만을 뜻하지 않는다. 타인을 포함

하여 인간 모두가 될 수도 있고, 자연으로부터 빌려올 수도 있고, 심지어 미래라는 시간으로부터 빌려올 수도 있다. 나를 스쳐 간 어떤 인연으로부터도 꾸어 오는 일도 가능하다.

그런 의미에서 꿈은 '아직은 나의 것이 아니지만 지금 여기가 아닌, 세계 속의 내 모습을 상상하고 빌려오는 행위'이다. 그러니까 꿈은 어쩌면 영영 이루어지기 힘든 타자他者의 삶을 내 안으로 불러들이는 일이기도 하다.

비전이란 말은 아직 보이지는 않지만 간절히 염원하며 미래를 보는 일, 또는 다가올 상황이나 가능성을 의미한다. 꿈을 나타내는 단어 'vision'의 어원은 vis(see=view)+ion(=noun suffix)이다. 즉 자신의 미래를 상상해 보고, 앞으로 이루고자 하는 것을 머릿속에서 상상을 통해 투영해서 보는 행위인 것이다.

꿈을 꾸고 비전을 품는 것이 공부의 첫 걸음일진대 왜 학교에서는, 팬더 포의 주변에서는 이것을 권장하고 도와주기는커녕 오히려 가로막는 걸까. 학교나 학원에서는 공부를 선생님으로부터 배우고 외우는 것 정도로만 한정한다. 친구들과 노는 것, 여행하는 것, 운동하는 것 등은 공부로 치질 않는다.

하지만 옛 성리학에서는 삼라만상을 공부의 대상으로 삼았으며, 놀이와 공부를 구분하지 않았다. 가르친다는 것은 가능성을 보게 하는 것이며, 배운다는 것은 그 가능성을 추구하고 꿈꾸는 과정이다.

　팬더 포에게도 비전이 있었다. 세계 최고의 무사가 되어 악당을 물리치는 쿵푸의 대가가 되겠다는 심오하고 원대한 비전을 품는 일, 이것이 포가 하게 될 공부의 첫 걸음이었다.

　비전을 품는다 또는 가능성을 본다는 말은 무슨 뜻인가.

　영화 〈아바타〉에 나온 '아이 시 유I see you'라는 말이 유행한 적이 있었다. 현실에서의 나는 다리를 자유롭게 움직이지 못하는 장애인이다. 아바타의 가상 세계에서는 두 다리가 자유로운 사람인데, 그 세계는 자연과 생명이 조화를 이루는 세계이다. 주인공은 아바타의 세계에서 네이티리라는 여자를 만나는데 나비족 네이티리가 건네는 인사가 바로 '아이 시 유'였다. 당신을 바라본다는 '아이 시 유'의 의미는 단순히 본다는 것이 아니다. 같은 봄날이라도 봄이 왔는지 모르고 지나치는 사람과, 목련이나 라일락 꽃 한 송이를 보고 작은 생명의 탄생과 스러짐, 그 내밀한 감정을 느끼는 사람이 다르듯이, 상대를 보더라도 겉으로 보면서 쓰윽 지나치는 것과 애정의 마음을 담아 진심으로 바라봐 주는 것은 다르다. '봄'은 결국 관심이고 사랑이며 함께 길을 걷고자 하는 열망이다. 꿈은 그래서 내가 걷고 싶은 길의 가장 아름답고 이상적인 모델이다.

이 바라봄 속에서 사랑이 싹트고 새로운 의미가 탄생한다. 요즘은 지하철역이나 도서관 등 많은 사람들이 모이는 곳에 짤막한 시들을 걸어둔 것을 볼 수 있다. 점점 더 시에게서 멀어지는 사람들에게 다가가기 위한 노력이다. 그런 작품들 중에 두 편이다.

자세히 보아야 예쁘다
오래 보아야 사랑스럽다
너도 그렇다
- 「풀꽃」, 나태주

내려올 때 보았네
올라갈 때 못 본
그 꽃

－「그 꽃」, 고은

　이 시들을 읽으면 짧지만 '봄'에 대한 깊고 강렬한 의미를 느낄 수 있다. 시인들은 이미 가능성과 환상을 일상적으로 바라보려고 하는 꿈의 사람들이기 때문일 터이다. 4년 전에 나는 고3 학생들의 수업 첫 시간에 다음과 같은 글로 학생들에게 인사한 적이 있다.

벚꽃 지는 걸 보니
푸른 솔이 좋아
푸른 솔 좋아하다 보니
벚꽃마저 좋아
－「새 봄」, 김지하

아직 차가운 겨울의 기운이 완전히 가시지 않았지만 석촌 호숫가에 부는 봄바람의 기운이 감도는 3월입니다. 여러분과 함께 1년 동안 화법 수업을 맡아 공부할 '유동걸'이라고 해요. 일주일에 한 시간이니 잊을 만하면 얼굴을 보게 되겠지만, 한 번 수업하면 일주일 동안 가슴이 먹먹하고 잊지 못할 그런 수업을 하고 싶네요.
우선은 여러분에게 중학교 입학하고 첫 국어시간에 배운 김지하 시인의 「새 봄」이라는 시로 인사하고 싶어요. 기억나죠? 아주 짧고 쉬운 시인데……, 다 잊었겠지만, 조그맣게 소리를 내서 한 번 읽어보세요. '벚꽃과 푸른 솔'에서 다가오는 봄의 향기가 느껴지지 않나요?

안 그래도 요즘 죽음의 트라이앵글이다, 일제고사다, 또 어떤 대학은 '수시'로 아니면 '수시로' 입시부정이다 난리를 치는 판에, 살 맛 안 나는 고3 인생이 무슨 새 봄이냐고요? 그래서 저는 이 새 봄이 더 소중하게 느껴져요. 고 3이 돼서 느껴 보는 중1의 풋풋함이 새롭기도 하고요, 고3이기 때문에 인생의 마지막이 아니라, 정말 자기 인생을 재설계 하면서 '새 봄'을 꿈꾸는 청춘으로 살아갔으면 하는 마음이기도 하고요. 원래 연꽃이 더러운 진흙에서 피어나듯이 인생의 새 봄은 가장 지옥 같은 여러분의 고3 막바지에 언뜻, 아니 어느 날 갑자기 '와락' 나도 모르게 다가올 수 있어요. 무언가 숨겨진 작은 연못 속에서 여러분들도 자기만의 빛깔과 향기를 지닌 소중한 꽃 한 송이를 가슴 깊숙한 곳에 키우고 있으니까요.

〈중략〉

한 가지 더 말하자면, '새 봄'이라는 말이 '봄날을 새롭게 맞는다'는 의미도 되지만, '세상을 새롭게 바라봄'이라는 뜻도 있지요. 그런 의미에서라면 '문학과 역사와 철학, 삶과 죽음의 의미를 새롭게 바라보는 제2의 사춘기'가 왔기 때문이 아닌가 싶어요. 그리고 그건 무엇보다도 '어린아이의 눈'으로 바라봄이기도 해요. 다시 세상에 눈을 뜨는 거죠. 아마 그건 되돌아봄이기도 할 거예요. 되돌아봄…….
여러분들, '성찰省察하다'라는 말 알죠? '성찰'이라는 말에 있는 '분명히, 살펴, 깨달을 성省 자를 보면 '어릴 소少' 자에 '눈 목目' 자가 붙었잖아요. 마치 이 글처럼, 어린아이의 눈으로 다시 주변을 잘 살펴보는 거죠. 화법 시간에 여러분과 만났지만, 그 의미를 아이의 눈으로 다시 살펴보는 것, 그게 새 봄이죠.

꿈을 꾸는 일은 이처럼 자신이 처한 현실을 새롭게 바라보는 것이 아닐까. 새 봄, 새롭게 봄이야말로 꿈의 기원이고 현실이며 미래이다. 팬더 포에게는 말 그대로 어린아이의 눈으로 이 세상을 바라보는 소박한 마음자세와 마찬가지이다. 악의 무리가 판치는 걸 그대로 두고 보지 않겠다는 정의감과 반드시 쿵푸의 고수가 되고야 말겠다는 뜨거운 열망.

국수 사업을 잇기를 바라는 아버지의 꿈은 소박하지만 쿵푸 마스터가 되려는 포의 꿈은 거창하다. 왜 거창한가? 아이의 눈으로 보기 때문이다. 이 꿈은 얼핏 허무맹랑해 보이지만 단지 허무한 환상만은 아니다. 『걸리버 여행기』의 저자 조너선 스위프트Jonathan Swift(1667~1745)는 꿈을 꾸는 젊은이가 가장 먼저 불을 지피는 성공의 첫 번째 요소는 '위대한 꿈을 꾸는 것'이며, 비전이란 보이지 않는 것을 보는 기술이라고 말했다.

희대의 악당 타이렁이 다시 나타나리라고는 아무도 예상하지 못했지만, 포의 눈에는 보였을 것이다. 타이렁이 만들어낸 지옥도와 같은 현실을 포는 미리 보고(예지몽), 그들과 맞서는 꿈을 간절히 꾸어 왔다. 마치 영화 〈매트릭스〉의 세계에서 비루한 현실을 하루하루 억지로 살아가는 토마스 앤더슨이 지구를 지키는 네오라는 새로운 인물이 되어 현실세계를 지키는 수호자의 꿈을 무의식중에 간절히 꾸어 온 것처럼.

불가능한 꿈을 꾸자

> 그대의 꿈이 한 번도 실현되지 않았다 해서 가여워 마라
> 정말 가여운 것은 한 번도 꿈을 꾸어 보지 않은 사람들이다
> – 에셴바흐

그런 점에서 공부의 첫걸음은 꿈을 꾸는 일이다. 그것이 혹시 실현 가능성이 없어 보이고 이루기에는 너무 버거운 환상일지라도, 꿈이 없다면 삶의 의미를 찾기 어렵다. 신화나 영화 속에서든 현실과 역사 속에서든 자기를 이룬 사람은 강렬한 꿈의 계시를 가진 존재들이다.

인류 역사 속에 커다란 발자취를 남긴 사람들을 돌이켜보자. 위대한 성인이 아닐지라도 자기 몸을 던져 불꽃처럼 살았던 그들은 남들이 감히 상상하지 못했던 위대한 꿈을 품었고 그것을 이루기 위해 모든 것을 바쳤다. 지금 눈앞의 현실에서는 도저히 이루어질

것 같지 않은, 새로운 세상에 대한 불가능해 보이는 꿈이 바로 그 현실을 바꾸는 원동력이 된다.

'불가능한 꿈을 꾸되 리얼리스트가 돼라.'

이 말을 남긴 쿠바 혁명의 지도자 체 게바라는 이상적인 사회를 만들기 위한 큰 꿈과 신념에 따라 뜨거운 열정을 바친 위대한 혁명가의 길을 보여주었다.

그리고 인종 차별의 해악 아래 신음하던 흑인들의 삶을 복수와 저주의 늪으로 빠뜨리지 않고 흑과 백이 공존하는 평등의 세계로 이끈 넬슨 만델라의 꿈이 또한 그러하다.

노동자는 기계가 아니라 자유롭게 살아갈 권리를 지닌 인간이라는 사실을 세상을 향해 외친 전태일의 꿈.

삼팔선을 베고 쓰러져서라도 분단을 막고 통일을 이루어 보겠다고 다짐한 백범 김구, 그리고 늦봄 문익환의 꿈.

무수히 많은 꿈들이 인간의 역사를 새로 써 왔으며 꺾이지 않는 신념을 키워 왔다. 그들은 세월 속에, 역사 속에 스러져 갔지만 그것이 끝은 아니었다. 새로운 시작, 더 나은 변화와 도약을 꿈꾸기 위한 첫 관문이었다.

때로는 그 꿈이 처참하게 무너질지라도 가슴속에서부터 자기와 맞서 본 사람과 별 비전 없이 그늘에서 움츠리고만 살아온 사람은 다르다. 꿈이란, 낯선 세계를 자기 안으로 초대하여 끝없이 싸우는 마음의 전투이며 자신의 모든 것을 쏟아붓는 물음이기 때문이다. 서양의 격언에 '낮에 꿈꾸는 사람들은 밤에만 꿈꾸는 사람들에겐 기억나지 않는 많은 것들을 안다'라는 말이 있다. 무한의 비전을 품고 남들이 볼 수 없는 세계를 바라보는 힘과 노력, 그것이 공부의 첫 걸음이고 우리의 공부왕, 뚱뚱한 팬더 곰돌이 포가 지녔던 첫 번째 미덕이다.

꿈의 열정에서 둘째 가라면 서러워할 돈 키호테의 〈이룰 수 없는 꿈(The impossible dream)〉을 들으면서 나의 꿈을 펼쳐 보자.

> 그 꿈 이룰 수 없어도 싸움 이길 수 없어도
> 슬픔 견딜 수 없다 해도 길은 험하고 험해도
> 정의를 위해 싸우리라 사랑을 믿고 따르리라
> 잡을 수 없는 별일지라도 힘껏 팔을 뻗으리라
> 이것이 나의 가는 길이며 희망조차 없고 또 멀지라도
> 멈추지 않고 돌아보지 않고 오직 나에게 주어진 이 길을 따르리라
> 내가 영광의 이 길을 진실로 따라가면 죽음이
> 나를 덮쳐도 평화롭게 되리
> 세상은 밝게 빛나리라 이 한몸 찢기고 상해도
> 마지막 힘이 다할 때까지 가네 저 별을 향하여
> 세상은 내가 꿈꾸는 만큼 만들어진다.
> – 뮤지컬 《맨 오브 라만차》 중에서

02
길이 학교다

내가 씨앗보다 작은 자궁을 가진 태아였을 때, 나는 내 안의 작은 어둠이 무서워서 자주 울었다. 그러니까 내가 아주 작았던 시절―조글조글한 주름과, 작고 빨리 뛰는 심장을 가지고 있었던 때 말이다. 그때 나의 몸은 말(言)을 몰라서 어제도 내일도 갖고 있지 않았다.

말을 모르는 몸뚱이가, 세상에 편지처럼 도착했다는 것을 알려준 것은 나의 어머니였다. 어머니는 나를 어느 반지하방에서 혼자 낳았다. 여름날이었고, 사포처럼 반짝이는 햇빛이 빳빳하게 들어오고 있었다. 그때 윗도리만 입은 채 방안에서 바둥거리던 어머니는 잡을 손이 없어 가위를 쥐었다. 창밖으로는 어디론가 걸어가는 사람들의 다리가 보였고, 죽고 싶다는 생각이 들 때마다 어머니는 가위로 방바닥을 내리찍었다. 그렇게 몇 시간이 지난 뒤, 어머니는 가위로 자기 숨을 끊는 대신 내 탯줄을 잘라주었다. 막 세상에서 밖으로 나온 나는, 갑자기 어머니의 심장 소리가 들려오지 않았기 때문에 정직 속에서 귀가 먹는 줄 알았다.

태어나 처음 본 빛은 딱 창문 크기만 했다. 그래서 난 그것이 우리들 바깥에 존재한다는 것을 깨달았다.

― 『달려라, 아비』, 김애란

예술은 머릿속에서도 서안 위에서도 도화서의 낡은 양식에도 있지 않다. 거리의 물 긷는 아낙의 미소에, 봇짐을 진 장사치의 어깨 위에 있다. 그러니 너희는 거리의 화원이 되어야 할 것이다.

- 『바람의 화원』, 이정명

외부로부터의 사유

"집안에서 뒹굴지 말고 밖에 나가 놀아라. 외부를 사유하라. 끼리끼리 놀지 말고 낯선 공간, 다른 사람, 새로운 시간을 만나라!"

세계가 하나라는 지구촌 시대. 고리타분한 사고와 틀에 박힌 습관을 버리기 위해 바깥을 사유하고 외부와 소통하라는 잔소리를 자주 듣는다. 실제로 늘 집에만, 혼자만의 세계에만 처박힌 사람은 바깥 세상의 의미를 잘 알지 못한다.

작가 김애란의 소설 『달려라, 아비』 초반부에는 엄마의 자궁에서 태어나는 아이의 눈을 통해 바깥 세상을 인식하는 이야기가 섬세하게 묘사되어 있다. 이유는 모르지만 집안이나 주변 사람들로부터 버림받은 여자가 되이 반지하 방에서 스스로 탯줄을 잘라 자식을 낳는 어머니와 그 어머니의 딸로 태어나는 순간, 아득히 귀멀고 최초의 빛을 통해 바깥 세계의 존재에 대한 깨달음을 얻는 이 장면은 소설가 자신이 세상을 향해 내딛는 최초의 발걸음 같기도 하고 새롭게 태어나는 모든 존재에 대한 은유처럼 느껴지기도 한다.

태아가 엄마의 몸을 찢고 밖으로 나오는 것과 마찬가지로, 꿈꾸는 자가 그 꿈을 이루기 위한 다음의 행동은 낯선 세계와 만나는 일이다. 자기를 길들여 온 편안한 공간과 관계의 벽을 뛰어넘어 낯선 거리와 이질적인 존재들을 만나면서 이전까지 편히 지내왔던 알의 세계가 얼마나 좁고 답답했는지 느껴 보는 일이다. 그러기 위해 해야 할 최초의 행동은 집을 나서는 행위, 즉 가출 혹은 출가다.

가출의 추억

가출을 해본 적이 있는가? 사실 많이 알려지지 않았을 뿐 우리 사회에는 집을 나와 떠도는 청소년들이 매우 많다. 집을 나온 청소년들은 공식처럼 비행 청소년이 되기도 하고 우여곡절 끝에 집으로 돌아가기도 하나 대부분 집을 나오게 된 문제와 갈등은 풀리지 않는다. 가출의 근본 원인은 저마다 다르겠지만, 문제의 원인이 해결되지 않고 서둘러 봉합되었거나 손쉽게 타협한 까닭이다.

교사로 일한 지 25년이 된 나도 가출을 한 적이 있었다. 1992

년 가을 나이 스물아홉 시절의 일이다. 학교와 집, 교회밖에 모르던 청소년 시절에는 가출은 꿈도 꾸어 보지 못했고, 그런 단어가 있는지도 몰랐다. 대학에 가서야 세상 물정을 조금 알기 시작했던 나는 대학을 졸업하자마자 군대에 다녀왔고, 아무런 취업 준비를 하지 않아도 대학만 나오면 취직이 되던 시절의 덕을 입어 제대하자마자 바로 교사가 되었다.

초중고를 다니면서 하숙이나 자취 경험 없이 부모님의 그늘 아래서 학교를 다닌 까닭에 집을 나와서 생활해 본 적이 없다. 2박 3일 수학여행이나 3박 4일 교회 수련회가 가장 긴 외박이었을 만큼 집 밖을 벗어나 넓은 세계와 만날 줄 모르던 우물 안 개구리였다. 정확히 말하면 단기사병, 흔히 하는 말로 방위병 생활도 출퇴근하며 보냈고, 훈련소에서의 3주 기간은 가출이라 할 수도 없다. 이러한 집 나섬은 사실 가출이 아니다. 우리가 흔히 말하는 가출이란 자의에 의해서나 공식적인 일정에 의해서 치러지는 의례가 아니라, 불가피하게, 견딜 수 없어서 박차고 나갈 수밖에 없는 억제할 수 없는 충동 혹은 내면적인 추방이기 때문이다. 그 시기가 나에게 온 것이 29세 되던 해 가을이었다.

때는 바야흐로 신혼의 단꿈이 무르익어 가던 신혼 6개월. 그 해 추석 명절을 앞두고 집안 어른들의 묘소를 깨끗이 다듬는 벌초를 하는 날이었다. 청주 외곽에 아버지를 비롯해 집안 어른들을 모신 산소가 있어 벌초를 끝내고 돌아오는 길인데 전혀 발걸음이 떨어지지 않는 것이었다. 교직 5년차의 교사인데 학교에 가기가 너무 싫었던 까닭이다. 어린아이도 아닌데 왜 학교 가기가 싫었을까? 공부나 일이 즐겁지 않으면 학생이건 교사건 학교 가기 싫은 것은 마찬가지다. 하다못해 60 넘은 교장 선생님도 학교 가기 싫어서 엄마에게 징징댄다는 유머도 있지 않은가!

왜 학교에 가기 싫었을까? 나의 경우는 문제집 때문이었다. 교직 생활 5년 만에 처음으로 고3 수업을 담당했는데, 문제집에 나오는 지문을 읽고 답을 찾아나가는 문제집 풀이 수업이 너무 답답하고 괴로웠다. 당시는 수능 제도로 바뀌기 전이고 사지선다형의 학력고사로 대학입시를 치르던 시절인데 객관식 시험문제 풀이 수업에 숨이 막혀서 도저히 학교로 돌아가고 싶지 않았기 때문이다.

교직 첫해부터 삶을 가꾸는 글쓰기 수업이나 교과서 밖의 다양한 지문을 복사해서 나누어 주고 읽기 수업을 했던 나에게는 짧은 교과서 지문과 정답을 강요하는 문제집이 문제였다. 몇 개월을 버티다 못해 그 해 가을 벌초를 갔다가 드디어 가출을 감행(!)한 것이다. 학교로 돌아가지 않은 나는 며칠을 떠돌았다. 해남 땅끝과 강진의 다산초당 등을 돌아다니면서 윤선도의 문학적 고독과 다산 정약용의 학문과 삶을 더듬는 여정 속에 그냥 사나흘 돌아다닌 다음 학교로 돌아왔다. 나아진 것도, 나아질 것도 없었는데, 그 힘으로 남은 몇 달을 보냈다. 그랬다. 그게 가출의 힘이다. 집을 나가서 무언가를 이루지는 못했지만, 집을 박차고 나가는 용기, 무언가를 찾아 떠나는 패기, 그 자체가 중요하다. 원대한 쿵푸의 비전을 품은 팬더처럼 꿈이라도 있었으면 나의 그 가출이 더욱 빛났을 터이지만 말이다.

공부를 하려면, 가출하라!

오늘은 쿵푸 역사상 가장 위대한 날, 가출하라!

포의 결의는 그렇게 이루어졌다. 한없이 엎어져 자고만 싶은 삶. 게으르고 뚱뚱하며 몸에서는 냄새가 난다. 쿵푸라고는 전혀 아는 게 없으며, 평균 수면 시간 22시간, 이동 속도 시속 30센티미터, 키 120센티미터에 몸무게 160킬로그램인 초고도 비만증으로 헉헉거리는 생활, 이것이 바로 팬더 포의 몸이고 일상이다. 이 지긋지긋한 일상을 어떻게 벗어날까?

국수나 나르라는 아버지의 명령대로 서빙을 하던 포에게 희망의 복음이 들려온다. 큰사부님 우그웨이가 전설적인 용의 전사를 뽑는다는 방이 붙은 것이다.

"천년을 기다렸어요. 그릇 들고 가요! 쿵푸 역사상 가장 위대한 날이에요. 가요, 가요!"

비대한 몸집으로 좁은 식탁 사이를 오가던 포, 손님들에게 성 위로 올라가서 구경하라고 소리친 다음, 지금까지의 모든 삶을 내려놓을 것을 결심한다. 가출이다. 아주 심각하게는 아니고 그냥 단순 유쾌하게. 왜? 아버지의 꿈을 대리하여 살아가는 찌질한 일상에서 벗어나 자신의 진정한 꿈을 실현해 줄 모델인 분노의 5인방의 실력을 눈앞에서 볼 수 있는 절호의 기회를 맞았으니까. 꿈에도 그리던 타이그리스와 친구들의 쿵푸 실력을 확인할 천재일우의 기회가 왔으니까. 하지만 이때 힘차게 나서려는 포의 발목을 아버지의 음성이 꽉 붙잡는다.

"포, 어디 가니?"

"제이드 궁전이요."

"국수 수레를 잊었니? 모두가 모일 텐데 국수를 팔아야지."

"국수를 팔아요? 하지만 제 생각은…… (한참 머뭇거리다가 자포자기한 표정으로) 찐빵도 팔아야지요, 팥이 쉬겠던데요."

"역시 내 아들, 꿈이 표징에 맞다니까."

가슴속에 품은 진정한 꿈을 솔직히 말하지 못하고 아버지와 타협을 한 포. 그 대가는 국수 수레를 밀고 집을 나서는 것. 이렇게 팬더 포는 새로운 길을 찾아 나선다. 그것은 자신을 가두었던 집을 떠나 꿈의 현장을 찾아가는 길이다. 그 길은 너무나 멀고 높고 험하다. 게다가 무거운 수레까지 지고 가야 하는 어려운 과정이다. 하지만 꿈을 꾸는 자는 움직인다. 목표를 향해 기어서라도 나아간다. 그곳이 아무리 험하고 낯선 곳이든, 지옥이든.

집 나가는 아이들과 공부로부터의 도피

2013년 5월 어느 날 새벽. 한 중학생이 자살을 했다는 기사가 인터넷에 올라왔다. 얼마 전 자살한 고등학생 소식으로 인한 아픔이 채 가시기도 전인데, 꼬리에 꼬리를 무는 죽음의 행렬이 멈추지 않는다. 신문 기사의 제목은 '한 달 동안 계속 죽고 싶었는데 주위에서 아무도 알아주지 않았다.' 예의 공부 잘하는 모범생이고 착한 학생이라 주변 사람들이 전혀 몰랐다는 이야기. 그 학생의 유서에는 "공부 때문에 너무 힘들다"라고 적혀 있었다고 한다. 공부가 뭐길래, 이렇게 아이들을 죽여 가면서까지 강요하는 것일까. 문득 이 학생은 꿈이 있었을까 궁금해진다. 있다면 무엇이었을까, 그 꿈을 위해 집을 나가 낯선 친구를 만나려 했을까. 어쩌면 꿈이 있다는 사실 자체가, 집을 나가는 용기를 가졌다는 사실 자체가 또 하나의 사치처럼 느껴질 만큼 오늘의 학교는 어둡고, 그만큼 쓸쓸하다.

그날 신문에는 '우리 아이 더 자게 하기 위해 새벽 줄 서는 도서관 맘Mom'이라는 기사가 펼쳐져 있었다. 끔찍하고 징그럽다. 이것이 광고를 통해 백혈병 환자를 방치하면서 '또 하나의 가족'을 외치는 삼성보다 몇 배 더 무서운 진짜 우리 '가족'이다.

왜 이 시대의 아이들은 집을 나서지 못할까? 포에 빗대어 말하자면 꿈이 없기 때문이다. 꿈이 있다면 무작정 나설 수는 있을까?

하지만 꿈이 없는 이들은 두려워한다. 무엇이 두려운가? 그걸 알 수 없다. 내 자신 안에 어떤 두려움이 똬리를 틀고 있는지 몰라서 두렵다. 또한 사회와 학교, 부모에 의해 수용된 거대한 현실이 두렵다. 그래서 발목을 잡고 있는 현실을 떨치고 일어서지 못한 채 한없이 엎드리고 누워 시간의 노예가 되기를 스스로 원하는 것이다. 아니면 새장처럼 자신을 가두는 공부라는 망령의 노예가 되어 괴로워하는 것이다.

'공부로부터의 도피'라는 말이 있다. 『교사를 춤추게 하라』, 『스승은 있다』와 같은 책을 쓴 우치다 타츠루 교수가 『하류 지향』이라는 책에서 소개한 개념이다.

에리히 프롬의 명저 『자유로부터의 도피』의 제목을 패러디한 것일까. 이 말을 처음 사용한 도쿄대학교 사토 마나부 교수는 1990년대 이후 학생들의 학력이 떨어지는 원인을 파헤치는 과정에서 학력 저하가 아이들의 나태나 교사의 교육 기술, 방법 때문이 아니라 아이들이 적극적으로 공부로부터 도피하기 시작한 데서 비롯되었음을 알았다고 한다. 위 책에서 우치다 타츠루 교수는 공부와 취업을 하기 위해 노력하지 않는 일본의 젊은 세대와 사회 풍토, 그리고 그 심각성을 경고했다. 공부하기 싫어서 몸을 배배 꼬거나, 양호실로 숨어들거나, 매점을 전전하거나 뒷골목 모퉁이에서 담배나 뻑뻑 피우면서 현실을 도피하는 아이들을 생각하면 탁월한 표현이 아닐 수 없다.

세계적인 국제공인 학력시험인 피사PISA에서 우리 학생들이 매년 상위권에 오르는 마당에 일본과 같은 현상은 강 건너 불구경일지 모른다. 하지만 공부와 학문 연마를 성공과 출세의 수단으로 만들고, 아이들을 무한경쟁의 피멍이 들게 하는 현실 속에 그러한 성과는 아무런 의미를 갖지 못한다. 아니, 이미 교실 붕괴와 학교 폭력, 그리고 공부로부터의 도피는 이미 우리 사회가 직접 온몸으로 맞부닥뜨리는 현실이다.

특히 국제고와 특목고와 전문계고, 자사고, 자공고로 우수한 아이들이 다 빠져나가고 난 나머지들이 모인 일반계 고등학교. 학교 분위기도, 학생들을 가르치는 선생님들의 의욕도 땅에 떨어진 상황에서 공부로부터의 도피는 학생들만의 현상이 아닐지도 모른다.

학생들을 외딴 섬에 모아놓고 다른 친구들을 모두 죽인 최후의 한 사람만 살려준다는 끔찍한 일본 영화 〈배틀 로열battle royal〉을 보았을 때, 왜 저런 정도로 잔인한 현실을 영화로 보여주나 생각했는데, 『하류 지향』에 나타난 일본 학생들의 학력과 문화, 일상들을 살펴보니 이해가 된다. 요즘 아이들에겐 '죽이느냐 죽느냐, 혹은 죽지 않으려 도망가느냐' 그 이상의 선택지가 없기 때문이다. 전교 1, 2등을 하고도 옥상으로 올라야 하는 아이들. 머나먼 하늘 위에 빛나는 별을 보며 찬란한 꿈을 꾸기보다 성적이 떨어질까 봐 불안감을 떨치지 못하는 아이들. 자기 두려움의 실체를 맞닥뜨리지 못해 스따(스스로 왕따)인 히키코모리가 되거나 어두운 거리의 자식들이 되는 아이들이 자발적 가출을 할 수 있는 기회가 만들어지고 길이 열려야 한다.

구름 위의 성을 바라보는 팬더 포. 자신의 꿈을 돌이켜본다. 아무리 생각해도 헛된 망상인 것만 같다. 그 꿈이 말 그대로 꿈이라는 걸 누구보다 잘 알고 있는 이는 바로 팬더 자신이다.

그는 자신이 자기 삶의 주인공인지 아닌지 모르는 채 진정한 용의 전사를 선발한다는 소식을 듣고 '무조건' 집을 나서 찾아간다. 막무가내식 가출처럼 보이지만 실상은 제대로 된 출가가 시작된 것이다.

가출과 출가의 차이는 무엇일까?

가출이란 '집 현관문을 열고 나가는 것이 아니라 부모님 마음을 찢고 나가는 것'이라는 말이 있다. 사고만 치다가 부모님의 사랑을 뒤로한 채 집을 뛰쳐나가는 아이들을 두고 한 말일 것이다. 하지만 출가는 다르다. 부모님의 마음이 아니라 자신의 마음을 찢고 나가는 행위다. 덕지덕지 누더기가 된 마음과 그것을 억지로 붙잡고 살아온 자신의 과거를 뒤로하고 미래의 나를 만나기 위해 어둠의 길을 찾아 나서는 길, 그것이 출가다. 석가나 공자 같은 성인들에게 출가란 이런 것일지도 모른다.

집착에서 벗어났기 때문에 성직자라 하고, 어떤 고정관념에도

머물지 않기 때문에 수도자라 하고, 더러움을 털어 버렸기 때문에
출가라고 한다지만 진짜 출가는 더러움을 털어 버리는 일이 아니
라 더러움 속에서 자신의 참모습을 찾기 위해 싸우러 나가는 일
이다. 안락함에 길들여져 더럽고 냄새나는 게으른 내 일상을 찢고
나와 다른 삶을 살고 있는 낯선 타자를 만나고 새로운 공기와 이
질적인 시간을 만나면서 그동안의 내가 아닌 또 다른 나를 만나러
가는 길이 바로 출가다.

　팬더 포처럼 집을 나가서 꿈을 이룬 또 다른 출가에 대해 좀더
생각해 보자.

　공부로부터 도피하기를 꿈꾸며 학교 가기를 거부하는 학생들

이 모두 주유소나 편의점, 뒷골목만을 전전하는 것은 아니다. 일찍이 학교의 문제점과 한계를 인식하여 자신만의 길을 찾아 새로운 걸음을 걷는 학생들도 적지 않다.

> 길 위의 학교
>
> 나는 여행이란
> 길 위의 학교라고 굳게 믿는다.
> 그 학교에서는 다른 과목들도 그렇지만
> 단순하게 사는 삶, 돈이 없어도 주눅들지 않고
> 당당하게 사는 삶에 대한 과목을 최고로 잘 가르친다.
> 한번 배우면 평생 쓸 수 있는 매우 유익한 수업이니
> 필히 수강하시길 바란다.
> ─『그건, 사랑이었네』, 한비야

교직 25년이 넘었지만 학생들에게 오래 전 한 거짓말은 잊지 못한다. 왜냐하면 졸업한 뒤 한참 지나 찾아오는 학생들마다 당시 거짓말에 대해 내게 묻기 때문이다. 어떤 거짓말이기에 그러냐고? 내가 결혼을 한 1992년 전후 나는 학교에서 학생들에게 이런 공언을 했다. "나는 자식을 낳으면 학교에 보내지 않겠다." 무슨 자랑스러운 이야기도 아니건만 학생들은 약간의 충격을 받으면서

왜 그런가 하고 나를 의아한 눈초리로 쳐다보았다. 물론 무언의 공감대 속에서 학교라는 답답한 공간을 비판하고, 학교로부터 벗어나고자 하는 의식의 반영이라는 걸 이해하는 친구도 있었지만 상당히 놀라는 눈길로 나를 주시하던 모습이 지금도 생생하다. 그 친구들이 주로 한 말은 "본인의 선택에 맡겨야 하지 않느냐"였다. 나도 어느 정도 동의는 했지만, 결과적으로 어찌해 볼 여지도 없었다. 학교에 보내지 않겠다는 말을 실천할 내 삶의 여건조차 만들지 못한 까닭이다.

그 뒤로 20년의 세월이 흘렀다. 비겁하게도 나는 내 아이들을 학교에 보내지 않겠다는 약속을 지키지 못했다. 홈스쿨링이나 대안학교를 비롯한 일반적인 제도권 학교 외의 다른 길을 선택하지도 못했다. 그저 한때의 치기였고 지킬 수 없는 공언이었다. 그런데도 졸업생 제자들은 그 말을 왜 그렇게 오래 기억하고 나로 하여금 그 시절을 환기시키는 걸까.

나는 아이들을 학교에 보내지 않는 문제를 아내에게 설득하지 못했고, 보내지 않는다면 어떻게 해야 할지에 대한 대안을 고민하지 못했다. 홈스쿨링은 언감생심이었고, 대안학교에 대해서도 깊이 알아보려 노력하지 못했다. 2008년 〈네 꿈은 뭐니?〉라는 3부작 다큐멘터리가 텔레비전에서 방영된 적이 있었다. 나와 아내가 큰아이와 함께 출연했는데, 아이를 학원에 보내고 다른 대안은 찾지 못해 나와 아내가 논쟁하면서 답답해하는 모습을 그대로 솔직히 보여주었다. 정말 학교 밖 대안은 없는 걸까?

사실 이 당시의 상황은 공부로부터의 도피라기보다 입시로부터의 도피라는 말이 더 잘 어울린다. 진정한 공부, 불가능한 꿈을 꾸고, 나를 찾고, 세계와 소통하는 힘을 길러나가는 공부라기보다는 학교라는 제도에 얽매인 학업 노동에 대한 회피의 성격이 더 강했기 때문이다.

지금도 많은 아이들이 학교 시험과 성적에 매여 있으면서 공부 자체로부터는 도피를 꿈꾼다. 마치 자유를 얻으려면 고통이 따라야 하고 그래서 진정한 자유를 선택하기보다 자유로부터의 도피를 꿈꾸듯 공부로부터 슬금슬금 뒷걸음질치는 것이다.

땀을 흘리고 몸을 단련해야 하는 공부는 힘들고 불안하고 답답하다는 선입견 때문이다. 그런 선입견을 버리고 새로운 공부의 길을 찾아야 할 곳은 어디일까? 바로 길이다. 집이나 학교가 아닌 길에서 하는 공부. 그것이 꿈을 찾아나서는 모든 이가 걸어야 할 두 번째 관문이다.

로드 스쿨러와 자기만의 길

지금은 공교육 안에서 혁신학교가 생겨나고 다양한 형태의 대안학교들이 운영되지만, 여전히 학교라는 공간 자체는 숨막히는 입시 경쟁 속에 부모와 아이를 몰아넣고 있는 현실이다. 이런 가운데 몇 년 전 나온 '로드 스쿨러Road schooler'라는 제목의 책과 다큐멘터리는 새로운 배움의 길을 찾아 나선 사례를 보여준다. 학교 밖에도 길이 있음을 깨닫고, 아니 학교 밖이라야 참된 길을 만날 수 있다고 믿고 자기만의 길을 걸어간 이야기가 참신하고 아름답다.

> 공부한 것과 삶이 일치하지 않을 때, 배운 것과 실천하는 것이 다를 때, 다락방이든 공원이든 여왕의 무덤 앞이든 질문하고 대화하며 마음을 불편하게 하는 것의 정체를 추적해 가는 로드 스쿨러는 스스로를 부를 이름을 찾지 못한 친구들, 사람에 대한 신뢰와 삶의 의욕을 잃어버린 친구들, 학습 의욕도 없고 그래서 자립할 수 있는 힘이 없는 친구들에게 주는 하니의 힌트다.
> -『로드 스쿨러』프롤로그 중에서

학교에 다니지 않고 집에서 공부하는 아이들을 '홈스쿨러'라 부르듯이, '로드 스쿨러'는 길에서 배우는 이들을 가리킨다. 그들은 학교라는 공간이 갖는 폐쇄성, 획일성을 거부한다. 다양한 공간을 넘나들며 자기 스스로 학습하고 다른 사람들과 교류하면서 자신들의 영역을 넓혀 니가고자 한다. 함께 밥을 해먹으며 친해지고, 서로의 고민을 들어 주고, 말과 생각과 관점이 다름을 받아들이는 그들이 가는 길 곳곳에, 삶의 곳곳에 배움이 있는 것이다.

그래서 한 아이는 엄마가 어느 날 갑자기 혼자 여행을 떠나는 모습을 보고, 자신이 원하는 삶, 원하는 공부에 투자하는 엄마도 역시 로드 스쿨러라고 생각했다고 말한다.

권위와 고정관념을 뛰어넘어 자기 주도적으로 공부하고 교류하고 연대하는 다큐멘터리 속의 청소년들이 스스로에게 붙인 이름이 로드 스쿨러다. 그들이 만들어낸 생생한 체험과 배움의 방식이 공간의 벽을 뛰어넘어 학교와 사회에서 꽃피울 수 있을까. 학교 안에서는 야자를 하는 곳이 아닌 도서관, 학교 밖에서는 다양한 문화 공간을 더 많이 만들어 토론과 탐구, 놀이가 넘쳐나게 할 수 있을까. 하지만 우리에겐 저마다 다른 특성과 개성을 한데 몰아넣는 획일적인 학교와 공부에 대한 사회적 시선의 장막부터 걷어내야 하는 과제가 있다.

곰돌이 포 역시 검은 장막처럼 막연한 꿈속을 헤매고 있었지만 쿵푸의 배움에 대한 열정만큼은 따라올 자가 없었다. 일단 길에 나서서 무언가를 찾아 헤매는 첫 걸음이 새로운 공부의 방향을 만들어 주었다. 그렇다. 삶은 여행이고 길이 학교다. 팬더 포는 몰랐지만, 그의 내면은 알았다. 간절한 염원에 따라 길을 나서는 순간 자기 인생에 새로운 도전과 목표가 생기고 자기를 변화시키는 치열한 싸움이 시작되리란 걸 몰랐고, 그랬기에 그의 무의식은 그 길을 더 열심히 걸었다. 그 걸음에서 길이 열렸고, 길과 학교는, 길과 자신은 하나가 되었다.

자유롭게 학교를 떠나 길 위의 삶을 택한 운명. 홈이라는 또 하나의 굴레도 과감히 벗어던지는 용기. 길을 학교 삼고, 길에서 만난 모두를 스승 삼는 로드 스쿨러야말로 이 시대의 진정한 공부하는 인간이다. 삶을 걸음으로, 유희로, 여행으로 삼고 살아가는 이들의 노래는 그래서 언제나 유쾌하고 가볍다. 상큼한 목소리의 가수 양양의 〈길 위에서〉라는 노래는 곡도, 가사도 모두 길에서 살아가는 자유인의 향기가 가득하다.

나는 해맑은 아이의 순순했던 발걸음으로
끝없이 펼쳐져 있는 길을 홀로 여행하네
그때 한 줄기 바람이
그때 한 조각 햇살이
조금 외롭다 느끼는 나를 오롯이 감싸네
나는 어디서 왔을까, 나는 어디로 가는 걸까
이렇게 걷다 보면은 그곳에 닿을까

길을 헤맬까 두렵지 않니, 너는 나에게 물었지
마음에 귀를 귀울이면은 길은 거기에 있어
내가 바라는 건 뭘까
향해서 가고 있는 걸까
누구나 인생에 이맘 때쯤에 같은 고민을 해

나무와 바람, 하늘에 작은 새 친구가 되네

길 위에서 멈춰선 땅에

피어난 풀, 꽃 용기를 주네

길 위에서

길 위에서

나는 나를 만나네

길 위에서

나는 나를 보네

- 〈길 위에서〉, 양양

실로 길을 나서고 싶지 않은가? 물론 집을 나서면 요즘 말로 개고생이다. 하지만 명절이나 휴가철에 사람들은 집 나가면 고생이라 말하면서도 저마다 집을 나선다. 길이 주는 힘을 믿는 까닭이다. 더 용기 있는 사람들은 특정한 날에만이 아니라 언제든지 길을 나설 마음의 준비가 되어 있고 실행에 옮기는 힘이 있다. 이 사람들에게는 길이 학교이며, 학교 밖이 진짜 학교다.

우리가 집을 나와 거리에 서야 하는 이유는 이것이다. 집 안에서는 집안밖에 보지 못한다. 내 몸, 내 가족, 내 집. 그 안에서 허덕이고 벗어나지 못한다. 그 안에서는 포처럼 원대한 비전을 품더라도 망상에 지나지 않는다. 나에게 충격과 감동을 주는 새로운 인물과 세계를 만나지 못하기 때문이다.—그런 면에서 가족주의는 공부의 아주 큰 적이다!―그렇기 때문에 세상을 제대로 보지 못하고 가까운 것만 본다. 아니, 그렇기 때문에 눈앞의 현실조차 있는 그대로 보지 못하고 텔레비전을 통해서 그저 멀리만 본다. 진짜 공부를 하기 위해서는 집을 버리고 가출하여 거리로 나서야 한다. 거기서 몸으로 하는 살아 있는 공부의 수련이 시작된다.

공부를
사랑하라
|
AMOUR
KUNG
FU

03
푸르게, 치열하게,
온몸으로

한 뼘 한 뼘, 아니 그것보다 조금씩, 그렇게 나아가는 육체가 있다. 꿈틀꿈틀.
아니, 그냥 한 몸인 육체도 아닐 것이다. 사지들. 더 나아가 손가락 하나하나,
발가락 하나하나들. 그리고 어깨에 한쪽 한쪽들. 갈비뼈 한쪽들. 눈알 한쪽
들. 그렇게 각각. 그렇게 끈질기게 나아간다. 때론, 아니 대부분은 사기가 어
느 쪽으로 나아가는지도 모르며, 또 미리 결정하지도 않는다. 이리 갔다가 어
느 새 방향을 틀어 저리 간다. 한동안은 제자리에서 맴돈다. 맴돈다.
그러다가, 그러다가도 시야에서 벗어난다.

- 「초월에서 포월로」, 김진석

저것은 벽
어쩔 수 없는 벽이라고 우리가 느낄 때
그때
담쟁이는 말없이 그 벽을 오른다
물 한 방울 없고
씨앗 한 톨 살아남을 수 없는
저것은 절망의 벽이라고 말할 때
담쟁이는 서두르지 않고 앞으로 나아간다
한 뼘이라도 꼭 여럿이 함께 손 잡고 올라간다
푸르게 절망을 다 덮을 때까지
바로 그 절망을 잡고 놓지 않는다
저것은 넘을 수 없는 벽이라고
고개를 떨구고 있을 때
담쟁이 잎 하나는
담쟁이 잎 수천 개를 이끌고
결국 그 벽을 넘는다

- 「담쟁이」, 도종환

아이 러브 쿵푸!

꿈틀꿈틀.

기어가는 건 지렁이만이 아니다. 담쟁이덩굴도 몸을 배배 꼬면서 악착같이 기어이 푸른 절망과 꿈을 안고 오른다. 벽 정도야 얼마든지 도전 가능하다는 표정으로. 집을 나선 포, 과연 벽을 어떻게 넘어갈까?

뱃살을 출렁이며 조금만 더!

포가 집을 나서는 그 시각, 저 높은 제이드 성 안에서는 펑펑 터지는 흥겨운 축포 소리로 흥겹다. 남들은 모두 가볍게 성문을 통과하는데, 아버지의 부탁이라는 과거의 인연이 발목을 붙잡음인가. 무거운 국수 수레를 지고 출발하는 탓에 포는 성문에 들어서는 것조차 어렵

다. 아, 좌절! 오르고 또 오르면 못 오를 리 없건마는 우리의 주인공 포, 힘겹기 그지없다.

국수 수레를 끌고 긴 계단 앞에 당당하게 서 보는 포, 하지만 난감하다. 목표는 아득한 높이의 구름 속에 자리잡은 제이드 성. 다른 동물들은 빈손으로 가볍게 계단을 오르는데 무거운 수레를 밀고 갈지, 끌고 갈지 갈피를 못 잡은 포는 한두 계단을 오르기도 버겁다. 해는 중천에 떠오르고 가쁜 숨을 쉬며 '조금만 더'라고 외치는 포. 반나절을 올라 거의 정상에 다 온 줄 알았으나 고작 열 계단도 오르지 못한 상태다. 어떻게 해서든 성 안에 들어가야 한다는 일념으로 수레를 버리고 빈손으로라도 오르기 시작한다.

하지만 세상에 공짜는 없다! 감히 집 나온 자에게 환히 문을 열어

주고 쉽게 진입 장벽을 낮추어 줄 리가 없다. 기득권을 가진 사람들 입장에서 보면 이들은 체제에 불응하는 불순분자들이고 나아가 체제를 무너뜨리는 이단자들이기 때문이다.

살아 있는 공부를 시작한 포의 앞길은 가시밭길이다.

한편 포가 계단을 오르기 위해 몸부림을 치는 동안 성 안에서는 시합이 시작된다. 큰사부 우그웨이가 시푸에게 알 듯 모를 듯한 말을 건넨 다음 힘차게 울리는 징 소리와 함께.

"알아두게, 친구여. 내가 뽑는 그는 이 계곡의 평화뿐만 아니라 자네 마음의 평화도 가져올 거야."

수레를 버린 빈손이지만 몸이 너무 무거운 까닭에 숨을 헐떡거리며 기고 또 기어서 온몸으로 어깨 하나, 눈알 하나, 발과 손과 배를 동원하여 겨우 성문 앞에 당도한 포. 하지만 포가 들어가기도 전에 문이 닫힌다. 문 열어달라고 외쳐 보지만, 요란한 음악 소리에 묻혀 들리지 않고 겨우 작은 구멍으로 분노의 5인방 모습을 볼 수 있다. 하지만 개구멍인들 허용할까. 한 번 생긴 벽은 이중삼중의 철벽이 되어 길을 막는다.

문틈으로 안을 엿보던 포는 비로소 진입을 시도한다. 주먹으로 문을 두드려 봐도 고사리 같은 곰의 손으로는 어림없고, 장대를 이용해서 높이뛰기를 시노하나 탱크처럼 무거운 몸이 날렵하게 벽을 넘을 수 없음은 물론이다. 이번에는 제법 큰 나무를 이용해서 훌쩍 뛰어넘기를 시도했으나 어림 반푼어치도 없다.

좌절한 포가 안에 들어가지 못하고 계단에 앉아서 고민하는 동안 성 안에서는 오늘 최고의 무공을 보여줄 타이그리스의 순서가 되었다. 사부 시푸가 키운 다섯 제자 가운데 가장 뛰어난 솜씨를 지닌 타이그리스. 아마 그 자리에 모인 누구도 그가 용의 전사가 되리라는 걸 의심하지 않을 터이다.

"여러분이 이제까지 보신 것은 아무것도 아닙니다. 타이그리스와 맞붙을 강철 황소와 죽음의 칼날!"

장내 아나운서의 소개와 함께 싸움이 시작될 무렵, 다시 벽을 뛰어넘기 위해 도전하는 포의 노력. 나무를 이용해서 힘껏 날아 보았지만 비명 소리와 함께 내동댕이쳐진다.

순간 몸을 움찔하는 우그웨이. 관중들의 시선이 모아지고 그가 "우리 사이에서 용의 전사의 기운이 느껴지도다"라고 나직이 말한다. 시푸는 고개를 끄덕이고 관중들도 당연히 타이그리스의 움직임에 대한 큰사부의 평가라고 생각한다.

이제 평화 계곡의 대주인 우그웨이 큰사부는 드디어 용의 전사를 선택하는데, 그 주인공은 타이그리스일까?

"안 돼, 안 돼, 잠깐!"

기절했다가 깨어난 포. 자신이 떨어진 곳이 폭죽더미라는 걸 알아채고는, 폭죽을 모아 폭탄을 만든다. 벽을 뚫을 수 없으면 뛰어넘고, 넘을 수 없으면 부수고라도 들어가고 싶다. 하지만 폭죽이 모아져도 폭탄이 될 수는 없다. 포는 폭죽더미에 불을 붙여서라도 담을 넘어서려 한다. 하지만 그 또한 쉽지 않다. 이때 뜻밖의 장애물이 나타나는데, 바로 아버지다. 가문과 전통을 중시하면서, 자유롭게 길을 떠도는 자유를 허락하지 않는 존재, 바로 우리들의 아버지처럼 길을 막는다.

"포야, 넌 국수 꿈을 꾸었잖니! 뭐하는 거야?"

"그건 뼁이었어요. 국수 꿈이 아니라구요."

유쾌하다. 다가오는 현실 앞에서 자신을 속이지 않고 진실을 말하는 힘, 그게 포의 잠재된 능력이라면 능력이다. 현실에 직면해서 더 이상 아버지나 자신을 속일 이유가 없다. 아버지의 소망을 배신하는 것이 슬프기는 하지만, 나를 속이고 아버지를 따르는 것은 더 슬픈 일인 까닭에. 이제 폭죽을 터고 하늘로 날아오르려는 포.

"아이 러브 쿵푸! 나는 공부가 좋아!"

드디어 포의 몸에서 온몸으로 전존재적인 외침이 울려나온다. 나는 공부가 좋아! 진심으로 포가 바랐던 오랜 소망은 바로 쿵푸, 그것이었으니까. 하지만……, 아, 어쩌나! 폭죽은 피시식 꺼지고 포는 다시 고꾸라진다.

"가자, 이들아! 국수를 뽑아야지."(절망을 감추지 않고 위로하는 마음으로)

"알았어요."

하지만 실망한 포가 고개를 숙이고 돌아가려는 순간, 포의 간절한 염원이 하늘에 닿았는지 응답이 내려온다. 갑자기 불이 붙은 폭죽더미. 포는 온몸을 주체할 수 없는 떨림 속에서 폭죽과 함께 날아오른다. 황홀한 비상과 냉정한 추락. 환호성과 함께 날아올랐다가 비명과 함께 그가 떨어진 곳은 큰사부 우그웨이가 지금 막 손가락을 내밀어 용의 전사를 지명하려는 현장 앞이다. 겨우 눈을 떠 보니, 포를 가리키며 다가온 손가락. 큰사부 우그웨이가 지명한 용의 전사는 바로 팬더 포였다!

마침내 벽을 넘어선 것이다. 담장 벽을 온몸으로 기어올라 끝내는 푸른 절망을 이겨내는 담쟁이처럼 말이다.

초월에서 포월로

저 아래 계단부터 힘겹게 기어 올라와 벽을 넘어서고야 마는 초인적인 포의 노력은 상상의 세계로 건너뛰는 초월超越보다는 포월逋越에 가깝다.

담쟁이의 끈질긴 기어오름은 순식간의 초월을 향한 오랜 기다림이고 몸부림이다. 우리는 흔히 뛰어난 재능을 보이는 위대한 사람들의 모습을 보고 현실을 뛰어넘은 초월적 존재로 추앙한다. 하지만 그 훌륭한 삶의 바탕에는 오랜 기다림과 치열한 수련의 과정이 따른다. 그 과정은 쉽게 초월을 허락하지 않으며, 인간은 죽음 이외의 모습으로 이 삶을 초월할 수도 없다. 범상한 삶을 뛰어넘는 초월에 가까운 모습을 보일 뿐이다.

'산은 산, 물은 물'이라는 법어로 한순간에 대중의 마음을 사로잡은 성철 스님도 눕지 않은 채 앉아서 수행하는 9년의 세월을 보냈고 해인사 암자를 몇 년 동안 떠나지 않은 채 수도에 정진했다. 그런 기나긴 고통과 노력의 과정을 철학자 김진석은 초월 아닌 포월이라 부른다. 포의 모습을 보자면 폭죽을 타고 날아올라 초월적인 모습을 보이기 이전에 계단을 하염없이 끈질기게 기어올라가서 담을 넘기 위한 온갖 노력의 과정을 말한다.

포월이란 지렁이나 뱀이 땅을 기어 목표를 향해 나아가듯, 지극히 현실적인 고통과의 마주침을 말한다. 군대 훈련소에서 앞으로 기어가는 훈련을 포복匍匐이라 부르는데 두 단어에서 쓰이는 '포匍' 자는 '기어가다'라는 뜻이다.

'초월'이 현실 속에서 가능한 경험과 인식의 범위를 훌쩍 벗어나 어떠한 이상을 상정하는 것을 의미한다면, 이에 맞서는 개념인 '포월'은 우리 몸에서부터, 즉 구체적인 현실로부터 생각을 시작하자는 일종의 수사학적 표현이다. 공부는 이상의 실현을 꿈꾸는 것으로 시작하지만 움직이는 과정은 결국 몸이다. 몸의 공부가 아닌 공부는 세상 어디에도 존재하지 않기 때문이다. 온몸으로 온몸을 밀고 나가는 공부의 과정, 그것이 포월이다.

초월과 포월

니체의 사상에 따르면 초인超人은 찌질한 존재가 아니라 현실에서 쉽게 이루어질 수 없는 존엄하고 위대한 존재다. 초월超越이란, 지금 발 딛고 서 있는 이 땅을 뛰어올라 넘어서 벗어남을 말한다. 우리 같은 평범한 사람은 넘볼 수 없는 세계다. 또한 어렵고 고단한 현실을 뒤로한 채 도피하는 행위가 될 수 있다. 포월匍越이란 기어서 세상을 넘어간다는 뜻으로, 영웅이나 초인이 아니라 어렵고 힘들어도, 그러나 꾸준히 현실에 맞서면서 그것을 변화시켜 나간다는 의미다.

초월은 'beyond reality', 현실 너머의 어딘가로 훌쩍 뛰어넘는 것이며, 현실로부터의 도피 또는 사라짐이다. 인간이 이 초월을 이루기 위해서는 무수한 노력의 시간이 필요하다. 그것이 바로 포월, 즉 기어서 치열하게 그 너머의 존재를 몸으로 구현하는 과정인 'beyond reality'다.

그런 인간의 존재는 특별한 사람들에게만 한정되지 않는다. 하지만 초월적 존재에 가까우면서도 포월자의 모습이 더욱 강한 경우가 있는데, 구도자의 길을 성실하게 걸어간 사람들이다. 역사와 신화, 아니면 일상의 현실에서 만나는 사람들 가운데서도 그런 존재들을 찾아내기가 어렵지 않다.

한 우물을 파되, 남들이 가지 않는 좁은 문, 고통의 길을 간 사람들이 특히 그렇다. 사실 세상의 모든 초인적, 초월적 결과들은 느리고, 성글게, 기어서, 촘촘히, 꾸준히, 억세게, 긴 호흡으로, 멈춤 없이, 또 다시, 하여튼 지속적으로 포월한 결실이다. 유배지에서 써내려간 다산의 전서들, 골고다의 길을 지나간 예수의 십자가, 희망버스와 함께 35미터 크레인 위에서 고공농성 309일을 버텨낸 소금꽃나무 김진숙의 생사를 건 싸움 등이 포월의 흔적들이라고 할 수 있겠다. 세상은 초월의 환상만 바라보지만 우리의 두 다리는 포월의 발걸음으로 앞을 향해 나아간다.

포월에 관한 뛰어난 문학적 비유로는 트리나 폴러스의 『꽃들에게 희망을』을 들 수 있다.

태어나자마자 먹는 것 외에 하는 일이 없던 줄무늬애벌레. 금세 먹는 일이 시들해진다. 권태를 이기기 위해 노랑애벌레를 만나 사랑을 나누지만 역시 금방 싫증이 나고. 삶에는 식욕과 애욕 이상의 의미가 있을 거라는 막연한 희망으로 길을 나선다.

여행 중에 만난 커다란 기둥. 그것은 수없이 많은 애벌레들이 모여서 서로를 밟으며 위로 올라가려는 치열한 생존의 각축장이었다. 하늘 높이 솟아 있는 기둥을 기어오르는 줄무늬 애벌레. 기를 쓰고 위를 향해 올라가려는데 앞에 걸리적거리는 다른 애벌레를 짓밟지 않고서는 니아가지 못한다. 원하든 원하지 않든 불가피하게 남을 밟아야만, 싸워서 이겨야만 오를 수 있는 피라미드식 구조 속에서 애벌레는 회의한다. 하지만 꼭대기라는 목표가 생긴 이상 포기할 수 없어 자기가 사랑을 나누었던 노랑애벌레조차 눈 질끈 감은 채 무심하게 밟으며 올라간다.

푸른 절망을 품고 오르는 담쟁이와 달리 줄무늬애벌레에게 기어오름의 과정은 무언의 욕망과 목표를 향한 치열한 싸움이다. 그 싸움의 히구는 곧바로 드러난다. 하나는 자기가 그렇게 낑낑대며 오른 기둥이 세계 유일의 기둥이 아니라 여기저기 흩어진 수많은 기둥들 가운데 하나라는 점. 자신이 자신만의 고유한 단독자로서 인생을 살아온 게 아니라 수많은 짝퉁과 모조 가운데 하나라는 것을 깨닫는다. 그에 못지않은 두 번째 충격은 정상을 코앞에 둔 바로 아래에서 최정상의 애벌레들이 나누는 대화를 들은 까닭이다. "꼭대기까지 오르면 무엇이 있니?"라는 동료—라기보다는 경쟁 상대겠지만—의 질문에 대한 답변.

"아무것도 없어!"

아, 아무것도 없다니. 충격을 받은 줄무늬애벌레는 고민한다. 아무것도 없는 허무의 정상을 향해 여기까지 기를 쓰고 올라온 자신이 부끄럽고 한심했다. 그뿐 아니라 최정상의 애벌레들은 바로 아래의 애벌레들이 힘을 합쳐 밀어올리면 가장 높은 곳에서 저 아득한 바닥으로 떨어져 죽을 상황.

줄무늬애벌레의 진정한 포월은 여기서 시작이다. 기어오름이 아니라 기어내려가기. 산을 좋아하는 사람들이 경험하는 것이 올라가기보다 내려오기가 더 힘들다는 점이다. 올라갈 때는 목표가 명확하지만 내려올 때는 목표를 지나 또는 목표를 버리고 자기를 비운 마음으로 일상이라는 현실 세계의 새로운 길을 향해 걸어야 하기 때문이다. 하물며 오르고자 했던 목표의 허구를 깨달은 마당에랴! 기어오르기를 포기한 애벌레는 엎드려 밟히기를 시작한다. 그동안 자신의 성취욕에 사로잡혀 남의 고통을 생각지 못했던 오만의 시간을 반성하는 자리이고 무언가를 가득 채워 이기고자 했던 마음을 내려놓는 시간이다. 포는 계단을 기어오르는 과정이 힘

들었지만 줄무늬애벌레는 오히려 내려오는 과정이 어려움을 보여준다. 그리고 고독한 자신과의 싸움의 시간. 고치를 벗고 꽃들에게 희망을 주는 아름다운 나비로 변신하는 초월의 순간을 맞이한다. 이기고 짓밟는 과정이 아닌, 내려놓고 성찰하는 과정을 통해서 진정으로 거듭나는 모습, 그것이 바로 진정한 초인, 아니, 포월하는 사람의 모습이 아닐까.

　살아 생전의 역사 속 인물로 치자면 평생 민초들의 삶을 기고 또 기어서 살아계신 한울님을 깨우치려 했던 동학의 2대 교주 해월 최시형이니 생명사상운농의 뜻을 세워 밑으로 밑으로 기시어 만인에게 삶의 사표가 되셨던 무위당 장일순 선생님을 꼽을 수 있지 않을까.

네가 용의 전사야!

하여간 우리의 주인공인 팬더 포 역시 길고 긴 고통의 계단을 기어올라선(포월) 끝에 큰사부 앞에 높이 날아서(초월) 다가갈 수 있었다.

포 : (머쓱해서) 난 그냥 용의 전사가 누군지 보려고…….

우그웨이 : (감탄하며) 놀랍도다…….

타이그리스 : (다가오며) 사부님, 저를 뽑으신 겁니까?

우그웨이 : 그를…….

포 : (믿을 수 없다는 듯 멍한 표정으로) 저요?

우그웨이 : (포를 가리키며) 자네.

그러고는 사람들을 향해서 큰 소리로 외치는 큰사부 우그웨이.

"온 우주가 용의 전사를 우리에게 보내 주셨도다!"

모두가 깜짝 놀란다. 관중들은 물론 타이그리스를 비롯한 분노의 5인방도, 시푸도, 포의 아버지도 모두 믿지 못하겠다는 표정으로 벌린 입을 다물지 못한다.

팬더에게 제이드 성을 오르는 계단은 도저히 넘어설 수 없는 장벽이었다. 하지만 포는 기어올랐다.

처음에는 반나절에 몇 개의 계단밖에 못 오르던 포가 마침내 그 긴 계단의 꼭대기까지 올랐을 때, 거칠고 험한 벽은 새로운 길을 여는 다리가 되었다. 누군가의 말처럼 '벽을 눕히면 다리가 된다'. 그 다리를 만들어 가는 지난한 포월의 과정. 엎드려 기어서 자신을 가로막은 벽을 치열하게, 푸르게, 절망하며 오르는 담쟁이의 정신, 그것이 꿈을 깨고 길을 나선 쿵푸인의 진정한 공부 자세다.

공부를
사랑하라
|
AMOUR
KUNG
FU

04
운명을 사랑하라는 말

운명을 두려워하는 사람은 운명에 먹히고, 운명에 도전하는 사람은 운명이
길을 비킨다.

- 오토 폰 비스마르크

미래는 세팅되어 있지 않아.

- 〈터미네이터2〉에서, 사라 코너

아프다고 청춘일까?

　베스트셀러로 잘 알려진 『아프니까 청춘이다』의 저자는 우리 사회에 힐링 열풍을 몰고 왔다. 그 저자의 다음 책의 제목은 '천 번을 흔들려야 어른이 된다'이다. 앞의 책을 통해 이 시대 조금은 잘 나가는 청춘들에게 가슴 따뜻한 위로를 들려주신 분이라 두 번째 책도 기대를 하고 읽었다. '흔들리지 않고 피는 꽃이 어디 있으랴'로 시작하는 도종환 선생님의 「흔들리며 피는 꽃」의 한 구절을 연상케 하는 책 제목이 마음을 사로잡았기 때문이다. 그런데 그 책에 나와 있는 내용 중에 우리가 잘 아는 운명애Amor Fati에 대한 글이 내 눈길을 끌었다.

　'아모르 파티. 자신의 운명을 사랑하라. 다 지나가느니라.'

　참 멋진 말이다. 니체의 이야기에 솔로몬의 잠언이 만났으니, 어찌 아니 그러랴! 그런데 이상하다. 괜스레 맘이 불편하다. 딴지를 걸고 싶어진다. 견디자니. 다 지나간다니. 틀린 말이 아니다. 그런데 싫다. 왜 그럴까? 글이 씌어진 맥락이 맘에 안 드는 까닭이다.

그림자, 운명, 굴레, 아픔, 주문, 견디자. 그래서 운명을 사랑하자? 니체가 사용했다는 이 유명한 경구는 쓰는 사람에 따라 이렇게 다르다. 인간에게는 각자 다른 자기만의 운명과 운명관, 운명론이 있는 까닭이다. 〈쿵푸 팬더〉의 운명관은 어떨까? 다 지나갈 테니 그저 견디고 지나가기를 기다리라 말할까? 천만의 말씀, 만만의 콩떡이다.

이에 대해 조금 더 살펴보자. 이 시대를 살아가는 청춘들의 힘든 생활을 잘 이해하고 그들에게 위로와 희망의 메시지를 주려는 화자의 의도를 모르는 바 아니다. 하지만 과연 이 책이 청춘들에게 위로가 되고 희망이 되고 변화의 에너지를 줄 수 있을까?

그림자, 운명, 굴레, 아픔, 주문, 견디자, 그러니까 운명을 사랑하자. 어쩐지 인간을 죄인으로 몰아넣고 구원의 날을 기다리라는 숙명론적 기독교 냄새가 난다. 그림자는 죄인, 인간은 원죄를 타고난 운명, 삶은 어쩔 수 없는 굴레, 인간은 죄로 인해 고통받을 수밖에 없는 존재이니 열심히 주문을 외워야, 즉 기도를 해야 한다. 뭐라고? 견디자고, 언젠가 이 고통이 끝나는 날이 올 테니까 기다리자고. 그게 나의 운명이니까, 그 운명의 날 또는 죽음의 날을 기다리자고. 그게 운명을 사랑하는 길이라고. 또는 주님을 사랑하는 길이라고.

지나친 유추 해석인지 모르지만, 니체가 진정한 자유를 외친, 운명에 대한 사랑이 이렇게 초라하게 느껴질 수가 없다. 정말 운명을 사랑하라고 청춘의 가슴에 불을 지르는 글일까? 공부하는 포의 입장에서 보면 가벼운 위로와 체념의 숙명을 그저 받아들이라는 글 같아서 차라리 외면하고 싶다.

그래서일까. 어느 인터넷 카페에서 회원들이 주고받은 댓글은 숙명을 사랑하기 힘들다는 자조와 위로로 채워져 있다. 보기에 애틋하고 짠한 글들이다.

○○ : 견디자, 다 지나간다. 천 번은 흔들려야 어른이 된다. 아직 더 흔들려야 될까요?

△△ : ○○님, 어서 오세요. 요 며칠 어찌 지냈나 물어보세요, 나한테. 어쩌면 운명일지, 어떤 죽음을 접하며 흔들렸습니다. 이래도 되는 거야? 생은 의문 부호 투성이지만 그래도 견디어 가야지요. 너도 피고 나도 피면 결국 풀밭이 꽃밭 된다는 어느 시마냥 우리 힘을 냅시다요, ○○님.

사실 운명을 사랑하라는 말은 참으로 멋진 말이다. 정말 지독한 외로움과 고통 속에서도 자신을 뛰어넘기 위한, 참된 자아를 만나기 위한, 자기도 모르는 미래와 현재를 사랑하기 위한 치열한 몸부림이 아니고서는 가슴속에 품기 힘든 말이다.

그래서 이 말에는 두 가지 전제가 필요하다. 하나는 자기가 그런 상황 또는 운명에 처하게 된 이유나 과정에 대한 깊은 성찰이다. 또 하나는 운명을 사랑함이 관념적 기다림이나 체념이 아니라 자신과 자신을 둘러싼 세계에 대한 목숨을 건 싸움이어야 한다는 걸 받아들이고 그 싸움에 두려움 없이 나서야 한다는 점이다.

피하려는 운명이 운명을 만든다

운명이란 놈이 무엇인지 한 번 들여다보자.

아침에 일어나 신문 사회면이나 인터넷 뉴스를 보면 하나하나 읽기도 버거울 정도로 수많은 사건 사고들로 가득 차 있다. 자살, 사기, 비리, 분쟁 등 보고 싶지 않은 일들과 선행, 미담, 추억, 변화 등 아름다운 일들이 앞서거니 뒤서거니 도토리 키 재기를 한다. 왜 누군가는 숱한 악업과 고통, 싸움 속에서 평생 도망치는 인생을 살고, 누군가는 환한 얼굴 따뜻한 마음으로 남들에게 알려지는 걸까?

하나하나 살펴보면 저마다 복잡하고 힘겹고 처절한 사연들을 갖고 있지 않은 사람이 없다. 성철이나 법정 같은 고승처럼 산속에 자리 잡고 20~30년 수행하지 않은 바에야 세상의 수많은 일들에 얽힐 수밖에 없는 게 인간이니까.

왜 누군가는 살인범으로 살아가고 누군가는 살인범을 교화하는 부처님처럼 살아가는가? 이런 운명은 타고난 것인가? 팔자인가? 결정된 것인가? 아마 세상의 그 누구도 대답하기 어려운 문제다. 수천 년을 이어온 철학, 종교, 과학기술의 발달도 이 문제에 답해 주지 못한다. 운명은 그 운명의 주체 자신만이 그 명命을 운행運行할 수 있는 까닭이다. 우리가 공부하는 이유는 그 명을 찾기 위함이고 그 명을 잘 운행하기 위함이다. 자기의 명이 어디서 어떻게 비롯되었는지를 꾸준히 탐구하고 그 명을 제대로 수행修行하기 위해 노력할 따름이다.

사주명리(역학)를 공부하든, 정신분석을 공부하든, 첨단 과학기술 이론을 공부하든 길은 곳곳에 있으면서 그 길만이 그려내는 절대화되지 않는 운명의 지도가 있다. 내가 태어난 자연의 고향, 나의 부모와 형제를 비롯한 일가친척, 학교에서 만난 선생님과 친구들, 그리고 곳곳에서 만나고 헤어진 인연들이 내 운명의 그림자이자 나침반이다.

그 오래되고 지난한 운명의 걸음걸이를 잘 헤아리고 살펴 내 마음과 생활의 주춧돌로 삼을 때 내 운명을 사랑하고 개척하는 일이 가능하다. 운명은 지나가기를 기다리면서 하염없이 태양만 바라보는 해바라기가 아니다.

두려움 없이 맞서기

포가 이렇듯 치열하게 자신의 꿈을 찾아 분투하는 동안 제이드 성 안에서는 심각한 일이 벌어진다. 포와 운명적 결투를 벌여야 하는 타이렁이 감옥을 탈출할 거라는 소식이 전해진 것. 대사부 우그웨이가 전설적인 용의 전사를 뽑겠다는 방을 붙인 이유도 타이렁 때문이다.

포가 용의 전사가 되기 전, 분노의 5인방 제자들과 수련을 하던 시푸. 어느 날 큰사부 우그웨이의 부르심을 받는다.

시푸 : 사부님, 무슨 문제라도?

우그웨이 : (낮은 목소리로 반문하며) 내 오랜 친구를 찾는데 꼭 무슨 문제가 있어야 하나?

시푸 : 아무 문제도 없습니까?

우그웨이 : 그건 아니고…….

시푸 : 하실 말씀이…….

우그웨이 : 환시幻視를 봤다네. 타이렁이 돌아올 거야.

시푸 : (깜짝 놀라며 외친다) 불가능합니다. 갇혀 있는데요.

우그웨이 : (차분하게) 불가능은 없다네.

이크, 도대체 상황은 무척 심각한데, 큰사부의 마음은 전혀 서두르는 기색 없이 물처럼 고요하기만 하다. 타이렁에게 받은 마음의 상처를 간직한 시푸는 커다란 충격을 받은 듯, 서둘러 쳉을 불러 명령을 내린다.

시푸 : 쳉! 어서 감옥으로 가서 전해!! 경비를 두 배로, 무기도 두 배, 뭐든 두 배로 늘리라고 해! 타이렁은 절대 못 나오도록.

쳉 : 네, 시푸 사부님!

우그웨이 : 운명을 피하려고 선택한 길에서 오히려 그 운명을 마주치는 법이야.

시푸 : 뭔가 해야 합니다. 그가 돌아와서 복수하게 놔둘 수는 없어요. 그는, 그는…….

우그웨이 : 자네 마음은 이 물과 같다네, 친구. 뒤흔들릴 땐 보기가 어렵지. 잘 가라앉혀야 해답이 명확해져. 용의 문서. 때가 됐네.

시푸 : 하지만 무한한 힘의 비밀을 누가 받을 자격이 있습니까? 용의 전사가 누구인가요?

우그웨이 : 나도 모르지.

카프카는 「꿈 같은 삶의 기록」이라는 잠언집에서 "당신은 믿는가? 나는 모르겠다"라고 말한다. 왜일까?

"나도 모르지!"

『만행, 하버드에서 화계사까지』의 저자 현각의 스승이신 숭산 스님. 쉬운 화두로 대중에게 부처님의 마음을 보여주고 깨우침을 주셨던 숭산 스님이 즐겨 던지시는 말씀이 '그저 모를 뿐'이다. 그 모름을 깨달아야 한다고 강조하신다. 우그웨이는 그런 존재인가. 그저 모른다는 말로 화답한다. 지극히 차갑고 무미건조한 우그웨이의 대답 앞에 시푸도 말을 잃는다. 그저 운명의 힘을 믿고 기다리는 수밖에. 운명을 피하려 선택한 길에서 오히려 그 운명을 마주치는 법이라는 말의 뜻을 도무지 이해하지 못하면서.

피하려 선택한 길에서 운명을 마주친다는 말은 무슨 의미인가?

운명을 바꾸기 위해 치는 몸부림이 내가 피하려고 하는 그 운명 자체를 만들어낸다는 말이다.

누구나 살아가다가 어려운 일을 종종 만난다. 이때 그러한 일이 벌어진 원인과 과정 등을 세밀히 살피지 못하면 어려운 일을 더욱 어렵게 만드는 경우가 다반사다. '호미로 막을 걸 가래로 막는다'는 속담은 초기 대응을 잘못해서 오히려 일을 크게 만드는 경우를 말한다.

이렇게 피하고자 하는 운명을 스스로 불러들이는 까닭은 무엇인가? 두려움 때문이다. 그 운명을 맞이하는 순간 겪게 될 고통과 피해가 누려워 그 원인과 과정을 직시하지 못하고 회피하려는 마음이 생기기 때문이다. 지혜로운 이는 고난의 운명을 맞아 도망치려 하지 않는다. 사실 이 우주에는—아니, 거창하게 우주로 가지 않아도 이 지구상에는—내 몸의 실존에 다가오는 운명을 피할 도 피처가 없다. 그러므로 지혜로운 이는 운명을 회피하기보다 그 운명이 찾아오는 이유를 성찰하고 그에 대한 현명한 대처를 고민한다. 운명이 자신을 시험할 때 그 시험과 시련을 이겨냄으로써 성장하고 성숙에 이르는 길이 진정한 공부의 과정이다.

사부 시푸는 타이렁으로 인한 상처와 두려움이 남아 있어 마음의 평정을 찾지 못하고 운명을 피하려고 한다. 하지만 이 행동이 오히려 타이렁의 탈출을 돕는 행위로 나타난다. 즉 운명에 대한 두려움은 비겁함을 낳고 비겁함은 무지를 낳고 무지는 다시 그 운명을 부르는 씨앗이 된다.

큰사부 우그웨이는 마음의 평정을 찾은 존재라 운명의 다가옴을 알지만 흔들리지 않는다. 고통스런 운명 자체가 진정한 평화와 성숙을 위한 인연의 계기임을 알고 침착하게 대응한다. 타이렁이 수십 년 전 쌓은 업을 풀 기회를 하늘이 주신 것으로 받아들인다. 그에 대응할 현명한 제자를 길러내는 일이 그것이다. 용의 전사를 길러내고 용 문서의 비밀을 해제함으로써 어리석은 제자들과 중생들을 계몽하는 사명, 그것이 우그웨이에게 주어진 운명의 길이다. 그는 이미 자신의 운명을 알고 있으며, 운명을 피하려 선택한 길에서 그 운명을 마주침을 알기에 자신의 운명을 자신의 의지대로 스스로 창조하는 능력을 발휘한다. 말 그대로 자신의 명을 자신이 운행하는 것이다.

  우리 같은 범인凡人들에게는 운명이 빚어낼 미래의 일들이 아득하고 새까만 암흑의 세계이지만, 운명을 다스리고 넘어서는 자들에게는 미래가 이미 알고 있는 과거와 같아서 두려움이 없고 오히려 미래를 자신이 예지하는 대로 만들어간다. 그는 자신의 몸을 둘러싼 공간의 경계를 넘어서는 자이고 동시에 과거와 현재, 미래라는 고정된 시간의 굴레에노 얽매이지 않는다. 운명을 둘러싼 시간의 투쟁이 이루어지는 구조를 한 번 살펴보자. 매우 특이하고 신기한 양상이 펼쳐진다.

운명과 시간

〈쿵푸 팬더〉를 보면 미래에 벌어질 타이렁의 탈출에 대한 큰사부 우그웨이의 환시가 시푸에게 전달되어 시푸의 행동을 유발하고, 시푸는 쳉을 보내 타이렁의 탈출을 막으려 한다. 하지만 쳉이 감옥에 가서 푸드덕거리다 떨어뜨린 깃털이 타이렁의 족쇄를 푸는 열쇠가 되고 결국 우그웨이의 환시를 실현하는 매개가 된다.

이를 다시 살펴보면 결국 '타이렁의 탈출 환시 – 우그웨이의 말 – 시푸의 명령 – 쳉의 행동 – 타이렁의 탈출'이라는 순환 구조가 만들어진다. 문제는 우그웨이의 말에 의해 타이렁과 맞닥뜨리는 운명을 피하려 했던 시푸의 노력이 결국 타이렁을 불러오는 운명을 초래한다는 것이다. 자기가 애지중지하며 키우던 타이렁이 계곡의 평화를 깨뜨리는 무시무시한 악당이 되어 감옥에 갇혀 있다가 풀려난다는 사실이 시푸를 불안하게 만들고 그 불안감이 결국 다시 타이렁을 불러오는 결과를 부른 것이다.

이를 시간적으로 살펴보면 마치 영화 〈터미네이터〉 시리즈처럼 미래와 과거와 현재가 서로 선후 관계를 뛰어넘어 순환적인 틀을 형성하는 모습과 유사하다. 운명을 피하려 선택한 길에서 오히려 그 운명을 마주치는 법이라는 우그웨이의 말은 우리가 상식적으로 살아가는 절대적인 시간과 다른 시간의 순환 고리를 깨닫게 한다. 즉, 환시라는 형태로 제시된 미래의 어느 시점의 상황이 지금의 삶을 규정하고 다시 지금의 행동이 꿈속에 제시된 미래를 만들어낸다는 말이다.

〈호모 쿵푸스〉의 저자 고미숙은 그의 저서 『나비와 전사』에서 다음과 같은 일화를 소개했다.

> 골목에서 한 아이가 정신없이 놀고 있다. 순간 한모퉁이에서 트럭이 돌진해 온다. 아이는 갑자기 커다란 외침을 듣는다. "빨리 피해!" 그 소리에 깜짝 놀란 아이는 자기도 모르게 옆으로 비켜선다. 세월이 한참이 지난 뒤, 그 아이는 승려가 되었다.
>
> 쉰이 넘은 어느 날, 참선을 하다 삼매에 들었다. 순간 눈앞에 한 아이가 골목에서 트럭에 치일 뻔한 장면이 나타난다. 승려는 전신으로 아이에게 메시지를 전한다. "빨리 피해!" 결국 그 옛날 자신을 구해 준 목소리는 수십 년 뒤의 '자기'였던 것.
>
> 정화 스님이 일본의 한 사찰에서 수행하실 때 전해 들은 이야기라고 한다. 미래의 내가 지금의 나, 아니 과거의 나를 구한다고? 영화 〈터미네이터〉, 보르헤스의 소설 따위에 나오는 황당한 픽션이 아니다. 요컨대 미래와 과거는 '뫼비우스의 띠'처럼 시작도 끝도 없이 맞닿아 있다. 그래서 '깨달으면 좋고, 미래만 좋은 게 아니라 과거까지 좋아진다.'

〈쿵푸 팬더〉에서는 나쁜(물론 좋고 나쁜 건 없다고 하셨지만) 미래를 꿈꾸는 게 결국 나쁜 미래를 불러오지만, 위 승려의 경우 깨달음을 얻어 좋은 미래를 살다 보면 나쁜 과거까지도 변화시키고 어려움을 이겨내는 인연의 순환고리를 보여준다.

영화 〈터미네이터〉에서 우리가 생각할 것은 미래의 내가 과거의 나를 탄생시키는 원인이 된다는 것이다. 나의 엄마를 구하기 위해 부하를 과거로 보냈는데, 그 부하가 엄마와 사랑에 빠져 나의 아버지가 되고 그 결과 내가 태어난다. 우리가 상식적으로 생각하는 시간의 선후 관계와 인과 관계가 새롭게 얽혀 있다. 기계문명이 시간을 지배하려 하고, 인간은 시간을 새롭게 창조하는 이야기이다.

〈터미네이터〉에서 기계는 이런 고정된 시간관념을 상징한다. 시간을 지배함으로써 삶을 통제하려는 망상에 사로잡힌, 마치 조지 오웰의 『1984』에 나오는 가슴 섬뜩한 문구처럼 말이다.

과거를 지배하는 자가 미래를 지배하고, 현재를 지배하는 자가 과거를 지배한다.

이미 삶에 대한 통찰로 미래 세계를 보거나 아는(혹은 미래 자체라는 것이 객관적으로 존재하지 않는 허상이라는 걸 아는) 능력을 지닌 우그웨이의 말은 너무 낯설어서 시푸에게는 이해가 안 되지만 천천히 생각해 보면 매우 상식적인 말이다. 마치 사람들은 이해하지 못하지만 절대시간의 상대성을 이해했던 아인슈타인은 너무나 쉽게 시간의 움직임을 이해했듯이.

어느 날 아들이 아인슈타인에게 물었다.
"아버지, 사람들이 왜 아버지에 대해서 저렇게 열광적인 태도를 보이지요?"
"응, 그건 벌이 축구공 위를 날아가면서 자신은 공 위를 날아간다는 사실을 모르는데, 나는 그것을 알고 있기 때문이란다."
"……."

수리적으로는 이 세상에서 그 이론을 이해하는 사람이 거의 없다는 '상대성 이론'. 물리학 지식도 필요하겠지만, 기존의 통념을 바꾸는 인식의 전환에 스스로 뛰어들지 않으면 단순한 '앎'이 아닌 '세계관'의 전환이 쉽지 않기 때문이다. 상대성 이론을 이해하는 데 열린 마음이 요구되는 것도 이 때문이다. 그러므로 운명을 피하려다 운명을 만든다는 우그웨이의 말도 시간의 상대성과 4차원을 다루는 혜안의 산물이다.

촛불을 앞에 켜두고 마음의 평정, 마음의 평정을 외치던 시푸는 우그웨이의 말에 마음이 흐트러져 당황하는 모습을 보이다가 결국 그릇된 판단으로 어두운 미래를 불러온다. 이는 마치 서로간의 다양한 이해관계와 갈등 속에 결국 어두운 미래를 맞이하는 우리 모습을 보여주는 듯도 하다.

타이렁이 탈출한다고?

결국 포가 용의 전사로 뽑히던 그 시각 시푸의 명을 받은 메신저 쳉은 타이렁이 갇힌 감옥을 찾아간다.

간수장 : 감히 내 감옥의 보안을 의심하나?

쳉 : 절대 그건 아니죠. 단지 사부님이 그래요. 난 그냥 전하러 왔 다구요.

간수장 : 나도 전할 말을 주겠다. 이 감옥을 나가는 건 불가능해.

(간수장은 까마득한 지하 감옥을 내려다보는 쳉의 등을 툭 치며 자랑스 레 외친다.)

간수장 : 인상 깊지 않나?

쳉 : 정말 인상 깊어요, 아주 인상 깊어요

간수장 : 들어오고 나가는 길은 오직 하나. 천 명의 경비대와 한 명의 죄수!

그런데 이 순간 그들이 생각하지 못한 것이 있다. 간수장이 쳉의 등을 '툭' 하고 칠 때 떨어진 몇 개의 깃털 중에 하나가 거대한 변화의 서막이 된다는 것을.

간수장이 타이렁을 능멸하고 나간 뒤에 이 깃털은 신의 계시인 듯 팔랑거리며 날아가더니, 타이렁의 앞에 사뿐히 떨어진다. 이로써 타이렁과 포의 거대한 대결의 씨앗이 탄생하는 것이다. 직접적인 원인–결과 관계는 아니지만 그렇다고 두 사건 사이에 아무런 연관성이 없는 것도 아니다. 현대 과학에서 말하는 나비 효과처럼.

작은 나비의 날갯짓이 거대한 현상을 불러일으킨다고 하는 나비 효과는 지구상의 어디선가에서 시작된 알 수 없는 작은 변화로 인해 점점 예측할 수 없는 기상의 이상 현상이 나타나는 것을 설명한다. 작은 불씨 하나가 큰 불을 일으킨다는 성경의 한 구절 또는 태산 위의 작은 눈뭉치 하나가 굴러 내려가면서 산사태를 일으키는 장면도 마찬가지다.

공부를
사랑하라
|
AMOUR
KUNG
FU

05
우연은 없다

우연이란 차이가 모든 것 속에 분포된 상황이다. 필연적인 법칙으로부터 일탈하는 흐름이 우발적 사건을 만들어 낸다. 우연은 창조적 힘이다. 우연은 카오스와 미로를 즐기는 정신이다. 미로나 카오스는 길이 없음이 아니라 길이 넘침이다. 이로써 생성의 공간이 열린다.

- 『니체, 천 개의 눈, 천 개의 길』, 고병권

이상한 일들은 왜 일어날까

우연이 이렇게 멋진 것일까?

그런데 왜 우그웨이 큰사부님께서는 우연이 없다고 그렇게 단호하게 말씀하시지? 이제 그 이유를 찬찬히 살펴보자.

시푸는 "우그웨이 사부님, 잠깐만요. 저 흐느적거리는 팬더가 답이 될 수는 없어요. 타이그리스를 택하시려는 순간 저게 떨어진 것뿐입니다. 단지 우연이에요"라고 항변하듯 말하지만 우그웨이 대사부의 한마디가 모든 것을 정리한다.

"우연이란 없다네."

우연이라.

지난주 함께 축구를 했던 친구가 어제 갑자기 교통사고로 세상을 떠났다. 어제까지 사랑을 나누던 연인이 오늘 원수가 되고, 날마다 싸우던 지긋지긋한 원수가 동지로 바뀐다. 이런 이별과 만남, 혹은 관계의 변화는 우연일까, 필연일까? 1950년 6월 25일 남과 북은 한국전쟁에서 격돌하고 2000년 6월 15일에는 두 남북 정상이 화해의 포옹을 했다. 이 또한 우연적인 일일까, 아니면 역사의 필연일까?

세상사 모든 일이 우연인지 필연인지 알 수 있을까? 그걸 알면 살아가는 데 도움이 될까? 큰사부 우그웨이는 '우연은 없다!'고 단호하게 말한다. 그것도 한두 번이 아니다.

'우연' 하면 떠오르는 재미난 영화가 있다. 우리말로 '목련'을 뜻하는 제목의 영화 〈매그놀리아〉가 그것이다.

이 영화의 서두는 다음과 같은 세 개의 에피소드로 시작한다. 아주 기막힌 우연적인 사건에 대한 소개가 이 영화의 주제를 위한 배경이 된다. 이상한 사건들을 따라가 보자.

첫째, 1911년 11월 26일자 《뉴욕 해럴드》에 3명의 남자가 교수형을 당한 기사가 실렸다. 에드먼드 윌리엄 가프리 경을 살해한 혐의였다. 그는 남편이자 아버지, 약사로 유능한 사람이었고 런던의 '그린 베리 힐'에 살았다. 그는 강도질을 하려던 3명의 부랑자에 의해 살해됐다. 범인들은 조셉 그린, 스탠리 베리, 대니얼 힐로 밝혀졌다. 재미있지 않은가? 그린 베리 힐에 살던 사람이 '그린, 베리, 힐'이라는 세 사람에 의해 살해된다는, 이런 기막힌 우연이.

두 번째 에피소드는 좀 더 극적이다. 1983년 6월 《리노 가제트》에는 화재 사건과 그 불을 끈 물, 그리고 스쿠버 다이버 델머 데리언의 기사가 실렸다. 그는 네바다 주 리노에 있는 너깃 호텔 카지노에서 일하고 있었다. 신체 건강하고 활동적이던 델머는 타호 호수를 좋아했다. 어느 날 근방 산에서 큰 산불이 났다. 소방 헬리콥터가 타호 호수에서 물을 길어올려 산불을 끄는 과정에서 스쿠버 다이빙을 즐기던 델마 데리언이란 사람을 퍼올려 공중에서 떨어뜨린 사고가 일어났다. 델머는 호수와 나무 중간의 한 지점에서 심장마비로 사망했다고 한다.

더 흥미로운 건 다음날 자살한 크레그 핸슨에 관한 기사였다. 그는 자원봉사 소방관이자 자녀들에겐 무심한 아버지였고 술버릇이 고약했다. 핸슨은 델머 데리언을 호수에서 끌어올린 헬리콥터의 조종사였다. 문제는 이들은 이미 서로 알고 있는 사이로 핸슨은 이틀 전 밤에 델머 데리언을 카지노에서 만났다는 사실이다.

카지노에서 델머 데리언은 딜러였고 크레그 핸슨은 게임을 하러 왔다. 2라는 숫가(오타)가 필요하다는 델머 데리언. 하지만 크레그 핸슨이 준 패는 델머 데리언에게 불필요한 것. 흔히 있을 법한 일이지만 화가 난 델머 데리언이 크레그 핸슨에게 달려들어 두 사람의 몸싸움이 벌어졌는데, 이 일이 있고 나서 이틀 뒤에 핸슨이 데리언을 물에서 퍼올려 사망에 이르게 한 것이다. 어쨌든 죄책감과 이 기막힌 우연을 감당할 수 없었던 크레그 핸슨은 자살했다.

자, 마지막 에피소드.

1961년 미국 법의학협회 시상식에서 협회 회장인 존 하퍼 박사는 1958년 3월 23일 로스앤젤레스에서 자살을 시도했던 17세의 시드니 베린저라는 소년에 관해 이야기했다.

> 한 학생이 9층 건물 옥상에서 유서를 주머니에 넣고 뛰어내린다. 뛰어내리는 도중에 건물 창문에서 갑자기 총알이 날아왔고 소년은 아래로 떨어져 죽는다. 밑에는 안전그물이 설치되어 있었으나 그는 총알에 맞은 까닭에 살지 못한다.

검시관은 이 소년이 자살한 게 아니라 살해당했다고 했지만 유서가 발견돼 소년이 자살을 시도했다는 게 확인됐다. 소년이 아파트 옥상 끝에 서 있던 그 순간 그 건물 6층에선 어느 부부의 큰 싸움이 있었다. 이웃에선 평소처럼 그들이 싸우는 소리를 들었다. 그들이 총을 들고 서로를 협박하는 건 새삼스런 일이 아니었다. 서로 욕을 하면서 싸우던 부부 가운데 부인이 남편 옆을 향해 총을 갈긴다. 이 순간 옥상에 있던 시드니는 떨어지던 중이었다. 부인이 자기 남편을 향해 욕을 하면서 방아쇠를 당기자 총에서 실제로 총알이 발사된 것이다. 놀란 남편이 "뭐야!" 하고 소리치자 부인이 오히려 큰 소리를 친다. "닥쳐!"

그들은 바로 떨어져 죽으려던 아이 시드니 베린저의 부모였다. 출동한 형사들이 조사하는 데 시간이 좀 걸렸다. 혐의자인 부인은 총알이 장전된 것을 몰랐다고 말했다.

시드니의 집에 자주 놀러 다녔던 한 소년은 6일 전에 총에 총알이 장전이 되어 있는 걸 봤다고 형사에게 말했다. 부모의 잦은 싸움과 폭력적인 환경은 시드니에겐 고통이었다. 그래서 부모를 위해 그는 뭔가를 하기로 결심했다. 엄마 아빠가 항상 서로를 죽이고 싶다며 싸우는 모습을 보고는 그렇게 원하는 일이면 그가 돕겠다고 말했다는 것이다.

엄마는 아들을 살해한 혐의로 기소되었고, 시드니 베린저는 자신의 죽음에 공범으로 기록되었다.

과연 이 세 개의 사건은 우연일까, 아닐까? 뭔가 필연적으로 일어나야 할 일이라고 하기에는 그 고리가 너무 신기하고, 그렇다고 우연이라 보기에는 상호성이 너무 기이하게 꼬리에 꼬리를 무는 형식으로 이루어져 있다.

이 영화를 만든 토마스 앤더슨은 내레이터의 입을 빌려 이렇게 말한다.

좁은 소견을 말하자면 이 모든 일들이 우연히 생긴 게 아니라는 것이다. 이건 단순히 우연이 아니다. 우연일 수가 없다. 뭐라고 설명하긴 힘들지만 단순한 우연은 아니다. 그렇다. 이런 이상한 일들은 항상 일어나고 있다.

이 영화는 무엇을 말하고자 함인가? 삶은 우연의 연속이란 말인가? 혹은 우연처럼 보이는 삶 속에서 보이지 않는 필연적인 운명의 법칙이라도 숨어 있다는 말을 하고 싶은 것인가? 이를 알기 위해서는 우연이란, 필연이란 무엇이며, 그 둘은 서로 어떤 관계인가를 살펴보아야 한다. 너무 골치 아픈 철학적 문제? 물론 아니다. 상식적인 수준에서 우연과 필연 놀이를 해보자는 것이다. 약간의 언어 유희 같은 대립적인 개념이지만 이 둘 사이의 묘한 긴장감이 삶의 또 다른 비의를 알려줄지 모르니까 말이다.

우연은 필연이다

우그웨이의 말은 어떤 뜻을 지니는가? 왜 그는 우연偶然은 없다고 말하는가.

앞서 인용한 고병권의 책에서 언급한 우연의 찬양가를 들어 보자. 세기의 철학자 니체의 정신이 외치는 광야의 소리다.

> 우연의 이론, 그것은 (……) 끊임없이 창조적인 행동, 선택하여 스스로를 기르는 행동을 갖는 존재이다.
> 나는 우연적인 것의 한가운데서도 능동적인 힘을, 창조 작용을 영위하는 것을 인식하였다.
> 우연은 창조적 힘이다. 우연은 카오스와 미로를 즐기는 정신이다.

미로나 카오스는 길이 없음이 아니라 길이 넘침이다.

"저들은 아직도 나의 재난과 우연을 가엾게 여긴다. 그러나 나는 말한다. 우연으로 하여금 내게 다가오도록 내버려둬라. 우연은 어린아이와 같아서 천진난만하다."

니체처럼 우연과 함께 춤을 추다보면 어느 순간 우연히 영감이 찾아온다. 그 순간의 영감을 믿고 행동하라.

－『니체, 천 개의 눈, 천 개의 길』, 고병권

이쯤 되면 니체는 완전히 우연 예찬론자라고 말해도 지나치지 않을 정도다. 하지만 이런 우연에 대한 찬양은 니체의 전유물만은 아니다.

『우연을 길들이다』(이언 해킹 지음, 정혜경 옮김, 바다출판사)라는 책에서는 통계와 통계학, 그리고 '우연'이라는 개념이 철학에 어떤 영향을 끼쳤는지 파헤친다. 통계는 인간과 사회가 일정한 법칙에 따라 움직인다는 사고, 즉 결정론을 뒷받침했으나 양자물리학의 등장으로 우연의 개념이 주목받으며 비결정론적 세계관이 자리잡았다는 것이다. 세상은 수많은 우연의 조합에 따라 이루어진다는 사고의 전환이 얼마나 중요한 변화였는지를 보여준다.

이 책에서도 우연은 이 세상을 창조하고 인간이 굴레를 벗어나 새로운 세계를 자유롭게 흘러가는 정신적 바탕이라고 말한다. 과연 우연은 억눌린 자의 하느님인가? 그런데 왜 우그웨이는 우연을 부정하는가? 생각해 보자. 우연의 부정이 필연을 의미하는지. 우그웨이의 말이 세상에 우연은 없고 이 세상은 필연적인 법칙에 의해서 움직일 수밖에 없음을 강조하는 말인지. 영화 속의 의미를 잘 생각해 보면 그런 느낌은 별로 들지 않는다.

그렇다면 '우연은 없다' 이 말은 무슨 뜻인가? 용의 전사를 뽑는 자리에서 큰사부가 굼뜨고 한심해 보이는 포를 선택한 순간 시푸는 외친다. "'우연'이라고요!" 하지만 그 일은 우연이 아니었다. 타이렁이 탈출했다는 소식을 듣고 헐레벌떡 큰사부를 찾아간 시푸. 팬더가 타이렁을 막을 수 있는 용의 전사라는 말을 도저히 믿지 못하고 다시 우연이라 외친다. 하지만 큰사부는 다시 말한다. "우연은 없다."

그러던 시푸가 큰사부의 깨우침을 받은 다음 마음이 바뀐 걸까. 주인공 포가 무술 수련은 엄두도 내지 못하고 먹기만 하던 시절, 선반 위에 올라가 과자를 먹으면서 자기도 모르게 다리 찢기를 하는 모습을 보더니 말한다. "너 대단하다, 그 높이에서 다리 찢기를 하다니!" 포가 "우연이에요!" 소리치지만 시푸 역시 "우연은 없어"라고 대답한다.

자기도 모르게 우연은 없다는 말이 나온다. 포에 대한 믿음이 생긴 까닭이다. 타이렁이 온다는 말에 실망한 포. 자신은 용의 전사가 아니라고, 그건 단지 우연일 뿐이라고 외친다.

과거는 우리를 기억한다

〈쿵푸 팬더〉가 우연 없음을 통해서 말하는 메시지는 이것이다. 믿음이 없는 자들에게 세상은 그냥 던져진 우연처럼 보이는 법이라고. 하지만 믿음을 통해 삶에 도전하고 운명과 맞서려는 자에게 우연이란 없다고. 우연은 그냥 자기 현실을 인정하지 않으려는 비겁자의 세계관이며 방관자의 변명일 뿐이라고. 처음에는 두려움에 사로잡혀 이 사실을 냉철하게 보지 못하던 시푸가 포에 대한 믿음을 얻고 나서 우연은 없다고 포에게 단호히 말하는 데서 알 수 있다.

그럼 우연이 없으면 세상은 필연적인가? 그것도 아니다. 이름 붙여 필연 같지만 그건 필연이 아니다. 인간 세상에 반드시 그러해야 하는 일이 어디 있는가? 있다면 신의 섭리나 자연自然밖에 없을 것이다. 그래서 스피노자는 '신=자연'이라 했는지도 모른다.

그러므로 우연은 없다는 말은 필연도 없다는 말과 같은 말이다. 시푸의 마음을 생각해 보자. 타이링이 온다는 말 때문에 마음의 평정을 잃었는지, 아니면 자기가 키운 분노의 5인방, 특히 그 가운데 타이그리스가 매우 믿음직했는지 모르지만 시푸의 마음속에는 필연적으로 전설의 주인공인 용의 전사는 타이그리스여야 한다는 (무의식적인) 필연성을 띠고 있었다. 그래서 열린 마음으로 큰사부의 선택을 수용하지 못하고 포가 용의 전사임을 부정하려 한 것이다. 그래서 큰사부가 포를 선택한 것은 우연이라 외쳤는데(이 말은 다시 말하면 시푸 자신은 필연론자라는 말이다), 우그웨이는 우연은 없다고 말한다(이 말은 세상에 필연은 없다는 말이다!). 즉 대화는 우연으로 주고받았지만 이 말의 속뜻은 필연성의 대결이라 해도 틀리지 않다.

한 가지 더 생각해 보자. 그럼 세상은 우연도 필연도 아니라는 말인가?

바로 그렇다! 세상에 우연은 없다! 같은 의미에서 필연도 없다! 사실 우연과 필연은 반대 개념이 아니라 같은 개념이다. 동전의 양면 같은 두 얼굴이다. 아니, 동전의 양면이 아니라 같은 얼굴, 같은 의미다. 시인 김선우는 우리의 이런 이분법을 아이의 마음을 빌려 깨우친다.

행복과 불행이 반대인가
남자와 여자가 반대말인가
길다와 짧다가 반대말인가
빛과 어둠
양지와 음지가 반대말인가
있음과 없음
쾌락과 고통
절망과 희망
흰색과 검은색이 반대말인가

반대말이 있다고 굳게 믿는 습성 때문에
마음 밑바닥에 공포를 기르게 된 생물
지구에서 진화가 가장 늦된 존재가 되어버린
인간에게 가르쳐 주렴 반대말이란 없다는 걸
알아챈 어린이들아 어른들에게
다른 놀이를 좀 가르쳐 주렴
- 「여전히 반대말 놀이」, 김선우

인간에게는 운명만이 있을 따름이다. 운명에는 우연이 없다. 필연적인 운명도 없다. 인간은 어떤 운명을 만나기 전에 자기 스스로 그것과 맞서면서, 그것과 닮아 가거나 거부해 가면서 아무도 규정할 수 없는 새로운 운명을 스스로 만드는 까닭이다. 그러므로 우연이니 필연이니 세상을 탓하지 말고 나는 나의 운명을 개척하며 걸어가는 일에 충실하면 그만이다. 큰사부 우그웨이가 우연을 거듭 부정한 이유이다.

인간 세상에 우연이나 필연은 없으며, 인연만이 있을 뿐이다. 영화 〈매그놀리아〉를 만든 감독의 성찰은 이렇게 마무리된다.

> 우리는 과거를 기억하지 못하지만 과거는 우리를 기억한다.
> – 〈매그놀리아〉에서 폴 토마스 앤더슨

무수히 지나온 인연의 업들을 우리는 시간이 지나면 망각하고 그 인연이, 운명이 내게 다가온 이유를 깨닫지 못하지만, 그 인연과 운명은 결코 우리를 잊는 법이 없다. 끝도 시작도 없고 삶도 죽음도 달리 없는 기나긴 인생의 길에서 우리가 시시각각 다가오는 인연을 소중히 응대해야 하는 이유이다.

공부를
사랑하라
—
AMOUR
KUNG
FU

06
추방과 탈주

사르트르는 타인의 시선을 지옥이라고 불렀다. 이 시선이 만들어내는 낯선 자아의 탈에 끝없이 자신을 맞추어내며 평생 허덕허덕 살아가고 있는 우리는 누구인가. 존경해 마지않는 우리의 위대한 영웅들도 어쩌면 단지 이 시뮬라시옹의 단순한 희생자들은 아닐까.

- 시뮬라시옹의 폭력, 이왕주

우리가 있을 곳 혹은 떠날 곳

무대 공포증

환호하는 청중들로 가득 찬 화려한 무대에 올려졌는데, 마이크를 잡고 좌중을 압도할 만한 개인기가 없다. 혹시 무언가 잘못된 게 아닐까? 나 스스로 자신을 의심할 수밖에 없는 상황. 그런데 내가 배트맨이나 슈퍼맨처럼 세계를 구원할 영웅인 용의 전사라니. 용의 전사를 뽑는 무술 시합을 구경하러 갔다가 한순간에 주인공이 된 팬더 포는 돌아버릴 지경이다. 우그웨이에 의해서 졸지에, 정말 졸지에 용의 전사로 지명된 포는 용사들의 전당으로 모셔졌다. 그곳은 전설적인 전사의 유골 단지를 비롯해 각종 신비로운 무기들이 즐비한 곳이다.

오리지널 칼자국이 선명한 비천코뿔소의 갑옷. 쳐다만 봐도 베일 것처럼 날카로운 영웅의 검. 보이지 않는 운명의 삼지창. 하나같이 신비롭고 영광스런 전설의 무기들이다. 과연 이 화려한 무기들을 자유자재로 부릴 날이 올까? 벌어진 입이 다물어지지 않는데 그때 포를 가르칠 사부 시푸가 등장한다.

"네가 용의 전사인가?"

"네, 그런 것 같아요."

"땡, 틀렸어. 저 위에 놓인 용의 문서의 비밀을 배울 때까지는 용의 전사가 될 수 없어, 너 같은 놈에겐 불가능하지."

"저 같은 놈이요?"

"그래. 이 뚱뚱한 궁둥이와 늘어진 팔뚝을 보아라. 게다가 이 웃기는 뱃살. 완벽히 무시된 개인위생. 가까이 오지마라 입냄새 난다."

사실 포의 몸은 이처럼 불결하고 게으르다. 씻지 않고 그저 빈둥빈둥 놀기만 해서 자기 몸을 돌보지 않았기 때문이다. 당연히 가르치는 사람 입장에서도 별로 신뢰가 안 가고 자기 자신도 스스로에 대해서 불안할 수밖에 없다. 그래서 큰사부 우그웨이의 선택이 못마땅한 시푸는 팬더가 하루라도 빨리 포기하고 돌아가기를 바란다. 그래야 지금 본인이 가장 신뢰하는 타이그리스가 용의 전사로 지목받고 더 열심히 가르쳐 타이렁과 맞서게 하고 싶기 때문이다. 하지만 이는 아직 포의 잠재된 힘을 모르는 시푸의 단견이다. 작은 씨앗 속에 얼마나 커다란 열매가 들어 있는지 모르는 까닭이다.

시푸는 포를 제자들의 수련장으로 이끈다. 분노의 5인방이 무술 수련을 하는 공간. 거기는 어떤 곳인가? 들어가면 정신을 차릴 수 없을 정도로 난이도 높은 수련을 하는 데 쓰이는 기구가 여러 종류 놓여 있다. 허공에는 쇠줄에 묶인 철퇴가 오락가락하고, 바닥에는 뾰족한 가시가 달린 회전형 기구가 정신없이 돌아간다. 한쪽에는 균형을 잡기 힘든 거북 껍질 모양의 큰 솥이 있고 구멍에서 불길이 솟구쳐오르는 수련 기구도 무섭고 물체가 접근하면 빙글빙글 돌아가면서 회전형 공격을 하는 기구도 한눈에 매서워 보인다. 그 속에서 종횡무진 펄펄 날아다니는 5인방. 요즘 학교로 치자면 최첨단의 실험 장비들을 가지고 외국어나 고난도의 실험 실습을 하는 우등생들의 모습이다. 거기에 낫 놓고 기역자도 모르는 포가 들어갔으니 비웃음을 사고 헤맬 것은 불을 보듯 뻔한 일.

바로 수련에 들어가자는 시푸. 도저히 엄두가 나지 않는다며 레벨을 찾는 포. 그렇지, 공부에는 단계가 있으니 가장 쉽고 가벼운 단계부터 도전하겠다는 뜻이다.

시푸 : 무슨 레벨?

포 : 저는 고수가 아니니 0레벨부터 시작하죠. 0레벨.

시푸 : 헐, 그런 레벨은 없어.

포 : 그럼 저것부터 하죠. (한쪽 구석에 가만히 서 있는 멍청이 인형을 가리킨다)

시푸 : 어린이 훈련에 쓰거나 더운 날 문 열어 놓을 때 쓰는 건데.

이때 분노의 5인방이 다가온다. 5인방이 지켜보는 데서 멍청이 인형을 쳐 보라고 하는 시푸. 포는 가만히 서 있는 인형 하나 공격하기도 괜스레 불안하고 힘이 나지 않는다. 자기보다 한참 고수인 그들이 지켜보는 까닭이다.

인형을 치라는 시푸의 명령에 떠밀려 마지못해 인형을 친다. 하지만 '퉁' 하고 나갔던 인형이 돌아와 포를 치면서 포는 고난도의 훈련장으로 떨어진다. 어떻게 되었을까? 구르고 얻어맞고 뒹굴고 속이 메스꺼워 죽을 지경이다. 급소를 직통으로 맞은 포, 꼼짝도 못하다가 얼떨결에 불구덩이에 처박혔다가 거의 구이가 되어 나온다.

차라리 방셔틀이라도

공부에서 스승 못지않게 중요한 게 친구들이다. 한자로 도반道伴 또는 사우師友라고 한다. 분노의 5인방은 같은 스승 밑에서 배우는 제자들, 정확하게 말하면 포의 사형師兄인 셈인데 포는 그들로부터 신뢰를 받지 못하고 조롱을 당한다.

집을 나와서 무술 학교라는 제이드 성의 벽을 뛰어넘은 팬더가 넘어야 할 또 하나의 벽은 관계의 벽이다. 용의 전사로서 타인의 시선과 인정을 받아야 한다는 부담. 아직 스스로에 대한 확신조차 갖지 못한 포로서는 도저히 넘기 힘들어 보이는 벽이다. 나를 가로막는 성벽에 구멍을 뚫든 나무에 오르든 폭죽을 활용하든 어떻게든 해봐야 손을 써 볼 수 있는데, 자신의 마음속에 똬리를 틀고 있는 불안, 불신, 도피하고자 하는 비겁한 마음으로 인해 이길 자신도 방법도 없다. 5인방의 말을 들어 보자.

"할 말이 없다"(헐, 하는 표정으로)

"정말이야."

"우그웨이 사부님은 무슨 생각이셨을까."

"저러다가 죽을지 몰라."

"대단하지. 용의 전사가 불덩이를 타고 하늘에서 떨어지다." (비꼬는 투로)

"걸을 때면 땅이 흔들려."(역시 비꼬면서)

"우그웨이 사부님이 적어도 쿵푸를 아는 이를 뽑을 줄 알았는데

말야."(실망스런 목소리로)

"맞아, 아니면 최소한 자기 손이 발에 닿거나."

"아니면 자기 발이 보이기라도……."

분노의 5인방, 도대체 알 수 없다는 표정들이다. 실망과 조소가 가득한 말들을 주고받으며 숙소로 돌아가는 친구들. 그들 사이에 사형 사제 간의 우정과 신뢰란 눈곱만큼도 없다. 그들의 이야기를 듣고, 참기 힘든 모욕감을 이겨내며 숙소로 돌아간 포가 친구들에게 말을 걸어보지만 돌아오는 대답은 한결같다.

"여긴 네가 있을 곳이 아냐."

인정 많은 크레인이 방에서 나가달라며 한 이 말은 실질적으로는 추방 명령이다.

'알아, 알아, 난 기술도, 그냥…….' 어물어물, 머뭇거리는 포. 타이그리스보다 차갑지 못한 크레인은 차마 나가라고 솔직히 말하지 못하지만 타이그리스는 좀 더 직설적이다.

"여긴 네가 있을 곳이 아냐."

"알아. 네 방이니까."

"내 말은 여기 제이드 성은 네가 있을 곳이 아니라고. 넌 쿵푸에 있어서 치욕이고, 만약에 우리가 하는 일을 조금이라도 존중한다면 내일 아침까지는 나가 줘!"

허공만 바라보는 포. 더 이상 할 말이 없다. 특유의 낙천성을 발휘하여 "난 너의 왕팬이야!"라고 말해 보지만 돌아오는 메아리가 없다. 요즘 말로 왕따를 심하게 당한 셈이다. 차라리 빵셔틀이라도 시켜 주면 그렇게 서럽지는 않을 터. 이런 현상을 다른 말로 하면 소외疏外라고 하고 사회학적으로는 추방과 배제라 한다.

근대 사회는 이런 추방의 방식으로 학교 또는 사회 부적응자를 배척해 왔다. 성적이 우수하지 않거나 체제의 요구에 순응하지 않는 자 혹은 못하는 자를 추방하는 방식으로 말이다.

자기 세계 속의 이방인

타이그리스와 친구들처럼 이미 제도권 안에 편입해서 쑥쑥 자라난 청춘들. 그들과 격이 달라, 이제 막 새로운 세계에 발을 들여놓은 새내기 포의 고통은 기존의 체제에 편입하기 힘들어하는 이방인의 민낯, 바로 그것이다. 왜 그는 기존 체제의 편입을 거부당하는가? 사회 구성원이자 인격체로 동등하게 존중받지 못하는 이유가 무엇일까? 단지 용의 전사가 될 싹이 보이지 않는다는 그 이유 때문일까? 무한의 가능성을 지녔으나 아무도 알아 주지 않는 멍청이 취급을 당하는 이유는 무엇일까?

한마디로 말하면 국외자局外者, 혹은 외부자이기 때문이다.

냉정하게 포의 위치를 사회적으로 조명해 보자. 분노의 5인방이 귀족학교(제이드 성) 엘리트 학생들이라면, 포는 알바 노동자다. 아버지가 운영하는 국수가게 일을 돕던 알바 청년이다. 저 낮은 곳 시장바닥을 상징하는 국수가게에서 구름 위의 제이드 성까지 이르는 아득한 계단이 상징하듯 그 계단을 기어오르는 포의 포월적 고통은 앞서 언급한 바 있다. 이를테면 우리 사회의 슬럼화되어 가는 일반계 고등학교와 돈 많고 빽 있는 학생들만 들어갈 수 있는 귀족학교 국제고나 특목고의 거리만큼이나 아득한 계단. 국제학교나 특목고처럼 우수한 능력을 인정받아 선발된 자들만이 공부하는 곳에서 고급 수련을 받던 5인방. 그들은 결코 저 아래 밑바닥에서 기어올라온, 마치 사회적 배려 전형자 같은 낮은 계층의 포를 동료로 인정하기가 쉽지 않았다.

무슨 이유인지 모르지만 포는 엄마가 없다. 분노의 5인방 역시 가족이 나타나지 않는다. 호랑이, 뱀, 원숭이, 사마귀, 학은 각각 권법을 상징하기도 하고 5라는 숫자를 생각하면 다양한 상징으로 해석이 가능하다. 일단 이 시점에서의 모습은 그들은 기숙 생활을 하면서 특별 과외를 받는 귀족 학생의 지위에 있는 것은 영화적 사실이다. 아버지 또한 곰이 아닌 오리인데, 가정 자체가 다문화로 이루어졌음을 상상한다. 곰돌이 포는 단순히 가난한 집안의 자식일 뿐만 아니라 이주 노동자의 자식일 가능성이 짙다.

맹랑한 열여덟 한국 여고생의 우정과 사랑을 그린 독립영화 신

동일 감독의 〈반두비〉에 나오는 반두비라든가 불법 체류자로 몰려 추방의 눈물을 삼켜야 했던 인정 많은 네팔 출신 이주 노동자 미누가 떠오르기도 한다. 그러고 보면 소수 민족이자 약자인 티베트를 탄압하는 나라 중국의 역사와 문화를 자랑하려 만든 영화 〈쿵푸 팬더〉가 이런 소수자를 주인공으로 하고 있다는 점이 더욱 인상적이다.

지금 우리 사회는 범죄를 저지르는 불법 체류자 또는 부족한 노동력을 대체하는 이주 노동자 사이의 대립각 속에서 힘겨운 나날을 보내는 다문화 가정의 약자들이 많다. 영화 〈방가방가〉나 이주 노동자의 아픔을 그린 박범신 소설 『나마스테』같은 작품이 아니더라도 세계 이주 노동자의 날만 되면 문화, 예술, 지식인들이 나서서 '차별 대신 차이를 존중하는 다문화 사회를 위하여'라는 선언문을 발표하고 그들을 지지하는 활동을 벌여야 할 만큼 그들의 위치는 위태롭다.

2008년 이 선언문 발표를 위해 참석한 한홍구 성공회대 교수는 "불법 체류 노동자의 범죄를 왜곡해 그들이 범죄의 온상인 양 이야기하지만, 실상은 불리한 법적 조건에서 범죄의 대상이 되고 있다"고 지적했다. 그는 "이같은 왜곡을 바탕으로 불법 체류자 추방 운동을 활성화하려는 정치세력이 있다"면서 "이는 파시즘의 부활"이라고 경고한 바 있다.

세계적으로 이웃에 다른 인종, 다른 나라 출신 이민자가 사는

것을 싫어한다는 사람들이 30퍼센트가 넘는다는 통계가 있다. 40
퍼센트를 넘은 나라는 인도와 방글라데시와 요르단. 그 다음으로
우리나라를 비롯한 이집트, 이란, 베트남 등이 30퍼센트 대로 뒤
를 이었다. 지나친 민족주의나 애국주의 이데올로기에 사로잡혀
타민족을 경시, 멸시, 천시해 온 많은 사람들에게 탈북자나 이주
노동자들은 제거해야 할 악이나 내부의 적 정도로밖에 여겨지지
않는다.

자, 이제 낯선 이방인이자 이주 노동자 출신의 쿵푸스인 포는
어떻게 할 것인가! 삶으로부터 도피하거나 맞서거나. 문제는 둘
가운데 하나. 좌절감을 이기지 못하는 포에게 곁에서 응원해 주는
벗들이 있었으면 희망을 가지고 끈질기게 도전했을까? 안타깝게
도 동료들의 배타적 손가락질은 포를 절망에 빠뜨렸다. 길은 없을
까? 포는 이 고통을 어떻게 이겨낼까.

고통이 약이다

남은 아프고 힘들어 주욱겠는데, 무슨 소리인가. 해도 해도 너
무하지 않는가. 정말 그런 소리를 할 만큼 아파 보기는 한 건가!
고통이 약이다, 이런 말을 하니 사방에서 불평불만 가득한 소리가
들린다. 그렇다. 고통이 약이라는 말, 지배자의 논리다. 힘드니까,

참고 견뎌라. 다 지나가니까, 언젠가 좋아지니까, 현실을 수긍하고 받아들여라. 그런 명령처럼 들린다. 그래서인지 그 말을 수긍하기가 쉽지 않다.

올해 우리 학교 고3 학생들은 『고미숙의 몸과 인문학』을 필수 교재 삼아 독서 수업을 했다. 나는 고3 수업을 들어가지 않았으나 3학년을 담당하는 선생님에게 그 책을 추천해 준 사람이라 작년에 내가 수업을 맡았던 반의 학생들을 만나면 종종 그 책의 내용이나 의미에 대해서 물어보곤 했다. 재미있는지, 어렵지 않은지, 도움이 되는지…….

현실에 대한, 특히나 교육 현실에 대한 날카로운 비판이 담겨 있어 불편하다는 의견이 많았다. 입시라는 제도의 최전선에서 하루하루의 고통을 힘겹게 받아들여야 하는 처지의 아이들에게 따스한 위로와 격려는 못해줄망정 냉정하게 현실을 직시하고 자신의 몸과 운명을 성찰하라 하니 더욱 힘들 수밖에.

맞는 말이기는 한데, 받아들이기는 쉽지 않다는 것이 전반적인 반응이었다. 받아들이기 쉽지 않은 부분이 무엇인지 꼬치꼬치 캐물어보니 바로 이것이었다. 고통이 약이라는 그 말.

중국 원나라 말기부터 명나라 초기에 걸쳐 염불수행을 통해 중생을 교화했던 묘협스님의 글 중에 「보왕삼매론寶王三昧論」이 있는데 그 가운데 「십대애행」은 이 스님이 수행삼매를 닦음에 있어 방해되는 열 가지 큰 장애를 여러 불경에 의지하여 정립해 놓은 것이다.

그 열 가지는 마치 원수를 사랑하라는 예수의 말처럼 평범한 사람들이 상식적으로 받아들이기 쉽지 않은 내용이다. 예컨대 세상살이에는 곤란한 일이 있어야 하고, 공부에는 장애가 있어야 하며, 이익을 바라지 말고, 억울한 일을 당해도 이를 당연한 듯 받아들이라는 따위들. 머리로는 이해되나 가슴으로 수용하기 힘든 이야기들이다. 말은 맞는데, 열 가지 중 어느 하나도 쉽게 몸으로 체화하기 어렵다. 그 보왕십매론 제 1조가 바로 다음과 같은 내용이다.

> 몸에 병 없기를 바라지 마라. 몸에 병이 없으면 교만하기 쉬우니 이로써 선인들은 병고로써 약을 삼았느니라.

아파서, 병들어서, 힘들어서 죽겠는데, 오히려 몸에 병이 없으면 교만해진다고 병을 당연히 받아들이라니. 참으로 어려운 말이다. 고3병은 요즘 우리 사회에 만연해 있으면서도 치료하기 어려운 난치병 중 하나다. 정신계통이나 신경계통 그리고 육체적으로도 비만이나 위장장애, 피부병 등 입시 경쟁으로 인해 겪는 몸의 고통이 적지 않은데 고통을, 병을 당연스레 받아들이라니. 아마 어지간한 배짱이 아니고서는 책을 읽으면서 이 말을 수용하기가 쉽지 않았으리라.

여기서 한 번 반문해 보자. 고통이란 무엇이며 왜 내 몸은 고통을 겪어야 하는가. 그 고통을 피하거나 없앨 방법은 무엇인가? 무엇으로 그 고통을 이겨내야 하는가? 고통이 만약에 약이 아니라면 부엇이어야 하는가? 아프다고 도망가야 할까? 도망갈 수 있을 만큼 아팠다면 사실 그 아픔은 찾아오지도 않았을 게다. 결국 아픔이 내게 찾아온 데는 그만한 이유가 있는 거고, 오히려 그 아픔이야말로 지금의 나를 한 단계 향상시킬 절호의 기회다.

그동안 집안에서 먹고 뒹굴며 꿈만 꾸던 팬더 포가 친구들로부터 왕따를 당하는 건 어찌 보면 당연한 현상이다. 거리로 나와서 스승을 만나려 하거나 자기 꿈을 현실로 이루고자 할 때 어찌 고통이 따르지 않을까? 우연이란, 행운이란 없는 것이기에 결국 내 스스로 삶의 열매를 위해서는 고통과 땀을 피하지 말아야 한다.

만약 포가 타인들의 조롱과 멸시를 회피하여 도망친다면 용의 전사를 꿈꾸어온 자기 몸을 바꿀 수 있었을까? 동료들의 치욕적인 모욕과 노골적인 배제로 무언의 추방을 강요받은 포가 자신을 이겨내는 힘은 무엇일까?

나를 이 자리까지 불러온 힘, 내 안에 깃든 저 고요하고 아름다운 지혜의 샘. 그것은 스승이라는 이름을 타고 온 나의 깊은 무의식이자 자화상이다.

07
스승을 만나다

새는 알을 깨고 나오려고 투쟁한다. 알은 새의 세계이다. 태어나려는 자는 그
세계를 깨어야만 한다.

- 『데미안』에서(헤르만 헤세)

오늘이 선물이다

공부든 사랑이든 길을 찾고자 하는 마음은 절실한데 길이 보이지 않는다. 무엇을 어떻게 해야 할까?

선생으로부터도, 친구들로부터도 버림받은 가엾은 팬더 포, 갈 곳이 없다. 집단 왕따를 당해 옥상에라도 올라가야 하는데, 천성이 낙천적이어서일까, 이 천진난만하기 그지없는 우리의 주인공 포는 먹을 것을 찾아 헤맸다.

난 5인방과 달라요!

드디어 자기가 먹고 있는 것의 실체도 모르는 채, 천상 지혜의 복숭아나무에서 남몰래 허겁지겁 복숭아를 따 먹는 포. 마치 천상에서 오만방자한 태도로 천도 복숭아를 따먹은 손오공을 연상케 한다. 간절히 도를 구하나 아직 그 지혜의 길을 어디서 찾아야 할지 모르는 불쌍한 떠돌이. 하지만 자기도 모르게 지혜의 나무 열매를 찾았다는 점이 포의 근기를 말해 준다. 간절한 공부의 씨앗을 품고 있으면 언젠가는 그 가지를 뻗고 열매를 맺는 법, 다만 아직 제대로 된 스승을 만나지 못해 방황하는 중일 뿐. 그는 앞서 만인 앞에서 크게 외치지 않았는가, '아이 러브 쿵푸!'라고.

앞뒤 볼 것 없이 지혜의 열매 따 먹는 데 여념이 없는 포에게 큰 사부 우그웨이가 다가온다. 만인이 우러르는 스승, 아니면 관음보살이 나타난 듯하다.

동물적 본능으로 입 안 가득 복숭아를 채우고 먹던 포, 민망하기 그지없는 표정이다. '이 나무는 그냥 흔한 복숭아나무인 줄 알고' 먹었다는 말이다. 이미 포를 잘 아는 우그웨이는 달래듯 말한다.

우그웨이 : 넌 열받으면 먹는구나.

포 : (몹시 민망한 표정으로) 죄송해요. 쿵푸 역사상 가장 험한 꼴을 보였다는 거. 5인방은 완전히 저를 무시해요. 시푸 사부가 저를 어떻게 용의 전사로 만든다는 거죠? 난 5인방과 다르잖아요. 날개도 발톱도 독액도 없어요. 맨티스도 거시기가 있잖아요. 가서 국수나 뽑아야겠어요.

어깨 처진 목소리로 말하는 포.

친구나 스승으로부터도, 자기 자신으로부터도 버림받은 포는 이미 자포자기 상태다. 왜 그는 스스로를 버렸는가? 두려움 때문이다. 앞서 말한 타인의 시선이 자기를 괴롭히고 그 시선에 사로잡힌 자아의 집착 때문에 괴로워서다. 자기 안에 보석처럼 빛나는 아름다운 공부의 세계가 이미, 존재한다는 사실을 모르고 외부의 거울에 자신을 비추기만 하니까. 공부가 좋아 몸부림쳐 나오기는 했지만 자기를 둘러싼 계란 같은 알껍데기가 단단하기 그지없다. 아무리 안에서 쪼아대도 알은 끄떡없는 까닭에. 큰사부는 포의 껍질을 깨는 결정타를 날린다. 아주 부드럽게. 이 영화에서 가장 빛나는 구절이다.

"그만두긴. 그만둔다고 하지 말고, 국수, 국수 하지 말고. 자넨 너무 과거의 일과 미래의 일을 걱정하고 있어. 어제는 역사요, 내일은 미스터리, 오늘은 선물이라. 그래서 현재를 프레젠트라하지."

영어의 'present'는 '지금 여기'를 나타내는 '현재'라는 뜻이면서 동시에 '선물'이라는 뜻도 갖고 있다.

과거나 미래의 근심을 떨쳐버리고 세속의 어떤 욕망에도 집착하지 말라는 부처님 말씀 같은 이 말은 마치 죽은 시인의 사회에 대한 오마주 같은 느낌이다. 사실 우리는 이미 이 말의 의미를 알고 있다. 일찍이 〈죽은 시인의 사회〉에서 키팅이 말한 카르페 디

엠carpe diem, 영어로는 '시즈 더 데이seize the day', 우리말로는 '현재를 잡아라!' 왜? 현재, 지금 이 순간이야말로 모든 살아 있는 존재들에게 주어진 선물 같은 축복의 시간이기 때문이다.

　진리를 지금 여기 아닌 다른 곳에서 찾아보라. 아무리 찾아봐도 없다no where. 하지만 근심 걱정 덜어내고 지금 여기now here를 바라보라. no where에서 now here로 'W'의 삶을 옮겨가는 지혜'w' isdom의 큰사부, 그가 바로 우그웨이'w' oogway다.

　지혜란 무엇인가? NO WHERE와 NOW HERE를 빌어 약간의 말장난을 허용한다면, 지혜를 상징하는 단어 W가 HERE에 붙어

한 마리의 병아리가 알껍질을 깨고 밖으로 나오려면 알의 안과 밖에서 동시에 계란을 쪼아야만 한다는 뜻이다. 병아리가 알의 안에서 껍질을 쪼는 '줄啐'과 어미닭이 밖에서 쪼아서 쪼아주는 '탁啄'이 동시에 일어나야 한 생명이 온전히 탄생한다는 뜻이며, 자기라는 껍질을 깨고 나와야 비로소 온전한 자유를 누릴 수 있다는 뜻이기도 하다. 줄탁동시는 중국 송宋나라 때의 『벽암록碧巖錄』이라는 책에 나오는 말이다.

있느냐 NO에 붙어 있느냐의 차이다. HERE에 붙어 불특정의 공간WHERE을 나타내는 것이 아니라 지금 여기에 붙박인 공간HERE을 부정NO!하는 쪽에 붙어 바로 지금NOW의 의미를 깨닫는 것, 그것이 바로 참된 지혜가 아닐까?

사실 생각해 보면 NO WHERE와 NOW HERE는 같은 뜻이다. 참된 지혜라는 것이 어디 따로 있겠는가? 그것은 실상 아무 곳에도 없다NO WHERE!. 그러므로 그것은 이 세상 아무 데나 없는 곳 없이 어디에나 널리 존재하는 것이다. 지금 이 순간이라면 어디에나NOW HERE.

큰사부 우그웨이가 밖에서 쪼아 준 탁啄은 그것이다. 두려움을 버려라! 과거에 대한 미련 때문에 마음이 흔들려서 안 된다. 그것은 단지 기록history일 뿐이다. 기록은 기록으로 진실하게 남겨지면 그만이다. 더럽고 부끄러웠던 엉망진창의 역사일지라도 그저 진실하게 기록으로 남겨두면 그뿐이다. 어제의 족쇄에 발목 잡혀 살아간다면 그건 노예이지 자유인이 아니다.

'내일은 미스터리'라는 말도 마찬가지다. 모든 존재에게 내일이라는 시간은 존재하지 않는다. 그것은 영원히 알 수 없는 신비(미스터리)다. 존재하지도 않고, 알 수도 없는 내일이라는 허황되고 불확실한 미래 때문에 지금의 내 삶이 흔들릴 이유가 없다. 자연이란, 때가 되면 오고, 때가 되면 가는 것이다.

〈피에타〉를 비롯한 수많은 문제작을 연출했으며 대중적 내용보다는 자기만의 독특한 작품 세계를 만들어 가는 김기덕 감독은 2012년 베니스 영화제 황금곰상을 받은 뒤 어느 인터뷰 자리에서 이런 말을 남겼다.

> 과거로 돌아가지 않고, 미래를 기다리지 않으며, 현재를 놓치지 않고 살아가려 한다.

우그웨이가 포에게 들려준 말과 유사하지 않은가! 깨달은 사람들은 그런가 보다. 시간이란 것이 허무하고 결국 나, 지금 내가 살아가는 이 순간, 지금 여기가 소중하다는 것을 아는 모양이다.

큰사부의 말이 끝나자 이제 그가 물러날 때가 되었음을 알려주는 신호처럼 '툭' 하고 나무에서 복숭아 열매가 하나 떨어진다. 줄탁동시가 이루어진 장면을 상징적으로 축하하는 메시지다. 화답하듯, 팬더의 눈이 '반짝' 빛나기 시작한다. 팬더는 알에서 깨어난 것일까?

스승은 누구인가?

세상은 넓고 스승은 많다. 무림의 숨은 고수들은 얼마나 많은지, 우리의 견문이 좁아서 그렇지 어느 분야에서든지 감히 넘볼 수 없는 무한의 경지를 넘나드는 고수들은 참으로 많다.

포에게 우그웨이나 시푸가 있듯이 세상 누구에게나 자신을 이 끌어 주고 따끔하게 깨우쳐 주는 스승이 한두 분은 계실 것이다. 누군가에게는 학창 시절의 스승일 수도 있고 또 다른 누군가는 학교 밖 세상에 나와서 만난 길 위의 사람일 수도 있겠다. '세상에 약초 아닌 풀이 없다'고 했던 신농씨神農氏나 '삼인행필유아사三人行必有我師', 누구든지 자기의 스승 아닌 사람 없다고 한 공자의 경지는 우리 평범한 사람의 것이 아니다.

나에게도 책으로서의 스승이나 삶으로서의 스승이 적지 않다. 직접 만나 뵙지는 못했어도 시대의 불의에 맞서서 자신의 삶을 불꽃처럼 태워간 유명, 무명의 전사도 있고, 아주 사소하고 가벼운 일상에서조차 나를 부끄럽게 만들고 나의 허영과 무지를 바늘처럼 콕콕 쑤셔대는 멋진 동료나 제자도 있다. 영화 〈쿵푸 팬더〉에 등장하는 두 사부, 우그웨이와 시푸에 대해서 논하자면 동서양의 내로라 하는 스승들을 모두 모셔야 할 터이므로 여기서는 가볍게 언급을 해보자.

대학 3학년 무렵에 나에게는 평생의 세계관과 가치관을 좌우할 의미 있는 만남이 있었다. 나의 지적 인식에 커다란 영향을 끼친 정신적 스승과 책들이다.

내 인생의 처음은 단연 김지하의『밥』과『애린』이다. 김용옥의 『동양학 어떻게 할 것인가』와『여자란 무엇인가』가 그 뒤를 잇고, 프리초프 키프라의『현대물리학과 동양사상』, 게어리 주커브의 『춤추는 물리』도 그에 버금가는 인상적인 책이었다. 그 뒤로 신영복 선생님의『감옥으로부터의 사색』등이 정신적 충격을 주면서 삶을 돌아보게 했고 개인적으로 이윤기의 소설들이나 김영민의 인문학 책이 삶에 대한 도전을 일깨워 주었다.

누구나 느끼듯이 한두 권의 책으로 한 사람의 삶의 기나긴 변화와 역정을 말하는 건 수박 겉핥기나 장님 코끼리 만지기이기 쉽다.

이 말을 왜 하는가? 〈쿵푸 팬더〉속에서 언급되는 '쿵푸 마스터'란 말이 마음에 걸려서 떠오른 생각들이다. 실화는 물론 소설, 영화 속에서도 멋진 사부의 모습은 셀 수 없이 많다. 교육 영화든 무술 영화든 실은 쿵푸 영화이므로, 세상의 모든 쿵푸 영화는 공부 영화이다. 마스터란 말이 나와서 하는 말인데, 위에서 말한 책들 가운데『춤추는 물리』라는 책의 원래 제목이 'The Dancing Wu-Li Masters'이다. 춤추는 물리의 도사들 혹은 사부들이랄까. 그 책에 언급한 사부, 마스터의 정의를 보면 우그웨이 같은 큰사부가 어떤 존재인지 감이 온다. 그 책의 저자도 책 제목에 어울리는 대상을 찾기 위해 자기 주변의 공부 스승을 연구한다. 그리고 그들 중에 한 분을 언급하면서 다음과 같은 해설을 붙인다.

그는 주변에서가 아니라 중심에서 시작한다. 그는 좀스러우며 세부에 들어가기에 앞서 그 기예의 원리를 터득하게 하며 태극 운동을 잘게 쪼개어 하나-둘-셋 하는 식의 훈련으로 전락시켜 제자를 로봇으로 만들기를 거부한다. 전통적인 방식은 암통暗通시키는 것이고 지루하게 오래 끄는 것을 훈련의 가장 중요한 부분으로 꼽는다. 그와 같은 방법 때문에 제자들은 자신이 무엇을 하는지 감각을 잃은 채 몇 년을 헛되이 보내기도 한다.

마스터의 정의, 즉 도사의 참 모습이 드러난다. 도사는 본질을 가르친다. 본질을 깨치게 되면, 그는 그 지각을 확대하는 데 필요한 것을 가르친다. 물리의 도사는 학생 또는 제자가 꽃잎이 땅으로 떨어지는 것을 보고 놀라서 서 있을 때야 비로소 중력을 이야기한다. 이처럼 물리의 도사는 자기 제자와 함께 춤을 춘다. 물리 도사는 가르치지 않으나 그 제자는 배운다. 물리 도사는 언제나 중심에서, 문제의 핵심에서 출발한다.

포가 절망에 빠져 있을 때, 시푸는 포의 무술 실력 때문에 불안해하고 타이렁에 맞서 싸울 수 있을지 고민하지만, 우그웨이는 달랐다. 포의 모습을 있는 그대로 바라보고(正見 혹은 如來) 인정한다. 포가 걱정에 휩싸여 있고, 놀림에 열받아서 왕창 먹는 걸로 스트레스를 풀 것을 알기에 먹을 것이 있는 복숭아나무를 찾아간다. 포의 심리 상태가 자신의 모습에 대한 미망과 두려움에 사로잡혀 있음을 보고는 넌지시 걱정 말라고 타이른다. 과거와 미래에 대한 욕망과 집착이 근원임을 일깨우고 사라진다.

그는 포가 어떤 말이나 행동을 하고, 과거에 어떻게 살아왔으며, 타이렁에 맞서 싸울 무술 실력이 얼마이고, 진짜 용의 전사인지 의심하지 않았다. 지금 이 순간, 포에게 문제는 두려움이라는

사실을 간파하고 과거와 미래에 대한 두려움을 떨칠 경구로 상대의 심장을 찔러 간다. 순식간에 적을 제압하는 실력처럼 한 마디 말로 포의 근심을 풀어 준다. 변죽을 울리지 않고 중심에서 출발하도록 알맹이를 끄집어내 준다.

시푸 또한 처음에는 미망에 사로잡혀 포의 진면목을 보지 못하고 흔들렸다. 타이렁으로 인한 상처와 걱정이 심한 까닭에 자기 마음의 평화를 얻지 못한 탓이다. 시푸 역시 지혜의 복숭아나무 아래서 포에 대한 불신의 벽을 깨고 진정한 믿음을 가져야 한다는 말에서 '줄탁동시'의 순간을 경험한다.

그 뒤로 시푸가 포를 가르치는 눈빛과 자세가 달라졌음은 물론이다. '쿵푸를 배우고 싶은가? 내가 너의 스승이다!' 라는 자부심이 넘친다. 제자가 가장 관심을 보이는 소재와 방법으로 그에게 꼭 필요한 쿵푸 기술을 가르친다. 자신과 쿵푸가 하나가 되어 마치 한몸으로 춤추는 듯한 경지를 보여준다. 이 영화에서 가장 역동적이고 아름다운 장면이며 공부의 과정이 온몸으로 치열하게 드러나는 부분이다. 스승과 제자가 한몸으로 겨루면서 하나로 닮아가는 과정. 마치 줄탁동시를 보여주듯이, 이렇게 가르치는 교사와 배우는 학생이 함께 배우면서 성장하는 단계로, 이심전심以心傳心으로 나아간다.

하루하루 변하는 포를 보며 흐뭇한 눈길을 보내는 시푸. 말 그대로 일취월장 괄목상대의 경지다. 그렇다고 진정한 스승은 눈앞에 직면한 일에 얽매여 코앞만 보는 사람이 아니다. 또 언젠가 문제가 해결되겠지 하며 팔짱 끼고 무한정 기다리는 존재도 아니다. 진정한 스승의 눈이 바라보는 세계는 가깝고도 멀다. 높고도 낮으며, 얕고도 깊다.

『장자』「추수편」에는 대지관어원근大知觀於遠近이라는 말이 나온다. 즉 큰 지혜는 멀리 보고 그러면서도 동시에 가까이 본다는 말이다. 다른 말로 하면 망원경과 현미경을 동시에 갖추는 눈, 마음은 우주를 날면서도 발은 땅에 디뎌 바닥을 기는 자세가 필요할 수도 있다. 머리는 혁명을 꿈꾸면서도 생활은 씨 뿌리고 열매 거두는 단순 소박한 농부의 삶. 타인과 자연을 살리는 생명의 스승들은 이렇게 우리 곁을 스치듯 지나간다. 그리하여 그 앞에 머리 숙여 배움을 얻는 일은 우리들 자신의 몫이다.

제자의 배움

스승의 힘을 빌어 두려움을 떨쳐버린 우리의 팬더. 이른 새벽부터 일어나 혼자 다리 찢기 수련을 하는데, 아무래도 몸이 굳은 상태과 쉽지 않다. 시옥의 야차처럼 무서운 시푸의 한 마디. 고양이가 부뚜막을 그냥 지날 리 없다.

"하룻밤 사이에 다리 찢기가 되는 줄 아나! 유연성을 기르려면 몇 년은 걸린다. 실전에 쓰려면 또 몇 년은 더 걸리고!"

　자, 인정사정 볼 것 없는 사부의 지도. 분노의 5인방이 나서서 차례로 포를 가르치는데 죽을 맛이다. 던지면 날아가고 때리면 쓰러지고, 그렇게 깨지고 맞고 얻어터지는데 신기하게도 끈기와 웃음을 잃지 않는다. 넘어지고 자빠지고 쓰러지면서도 결의에 대한 초심을 잃지 않는다. 복숭아나무 아래에서 대화를 나눈 뒤로 뭔가 달라졌다! 깨달음을 얻는 까닭이다. 이제부터는 치열하고 점진적인 깨달음과 수행의 시간이 기다린다는 것을 아니까 말이다. 무서운 시푸가 직접 나서서 가르친다고 하니까, "좋아요, 오예, 갑시다" 하고 오히려 추임새를 넣는다. 배움의 신명이 넘친다.

　"아는 자는 좋아하는 자를 따르지 못하고 좋아하는 자는 즐기는 자를 이기지 못한다"는 말이 있다. 그 유명한 공자의 '지호락知好樂'이다. 공부의 고수들은 즐기는 자들이다. 박지성처럼 축구장에서든, 김연아처럼 빙판 위에서든, 심지어 숨이 막히는 답답한 교실에서든 배움의 즐거움을 느끼고 누리는 자들이다.

　포에게 배움의 목표란 무술에 대한 지식이 아니었다. 앎이란 아직 아득한 먼 길임을 안다. 아니, 오히려 그는 자신에 대해서 알았다. 얼마전까지 자신의 몸이 오랫동안 좋지 못한 습관으로 굳어왔으며 그에 대한 불안으로 미래에 대한 두려움이 가득 차 있었다는 것을 안다.

　하지만 이제는 미래에 대한 집착이 사라졌으며 더 이상 부끄러

위할 필요도, 남의 시선을 의식할 이유도 없음을 깨달았다. 대상에 대한 앎이 아니라 자신에 대한 앎을 넘어설 때 공부를 좋아하게 된다. 배움 자체가 즐겁고 몸으로 익히는 과정이 신명난다. 하지만 도전도 만만치 않다. 시련이 없으면 그 배움의 크기가 자랄수 없고 다시 그 자리에 멈춰서서 굳어버리기 때문이다. 시푸는 말한다.

"승리를 향한 진정한 길은 상대의 약점을 찾아서 괴롭혀 주는거지. 상대의 힘을 이용해 그걸로 되돌려 준다. 끝장이 나거나 그만둘 때까지."

"진정한 용사는 절대 그만두지 않아요. 걱정 마세요. 난 그만두지 않아요."

오히려 스승을 위로하는 여유까지 보인다. 다리 찢기를 비롯한수련을 하다가 아득한 계단 아래 바닥으로 내쳐지고 친구들의 놀림을 받아도 다시 올라와서 또 시도한다.

배움의 즐거움을 알았는데 어찌 다시 도전하지 않겠는가. 함께수련하는 사우들도 그가 쉽게 포기하지 않으리란 걸 안다.

공부를
사랑하라

|

AMOUR

KUNG

FU

08
좋고 나쁜 건 없다

바이올린은 바이올린이 아니다. 특정한 관계 속에서만 그것은 바이올린이 된다.

― 『미래의 맑스주의』, 이진경

모래알이나 바윗돌이나 물에 가라앉기는 마찬가지다.

― 영화 〈올드보이〉에서 오대수

인간을 괴물로 만드는 것

친부모나 다름없는 스승 시푸를 사정없이 패대기치고 용의 문서를 빼앗으려는 타이렁. 용의 전사가 아니고서는 누구도 제압할 수 없는 강력한 힘을 지닌 타이렁은 왜 20년의 세월 동안 지하 감옥에 갇혀 있어야 했을까? 왜 그리도 세계 최강이라는 자리에 오르기 위해 자신의 스승까지도 배신해야 했을까? 때마침 포가 나타나 타이렁과 맞서 싸웠기 망정이지 조금만 늦었다면 시푸의 목숨도 장담하기 어려운 상황이었다.

자신의 목표와 욕망을 위해 키워 준 스승을 배신하는 괴물의 실체는 오늘날 주변에서 만들어지고 나타나는 다양한 괴물들의 모습에 비추어 봤을 때 남의 일이라며 고개를 돌릴 수만도 없다.

박민규의 단편소설 「아침의 문」에는 자식을 낳자마자 버리고 도망치는 비정한 미혼모가 나온다. 편의점에서 알바를 하다가 당한 일이라 자식에 대한 애정조차 없고, 낳고 나서 어찌할 수 없는 괴로움 속에서 사라진 미혼모.

마침 그 순간 건너편 건물에서는 자살을 시도하다가 이 여자가 낳은 아기를 바라보는 남자가 있다. 이 남자는 인터넷 게시판에서 만난 사람들과 동반 자살을 시도했다가 실패하여 혼자 살아남은 사람이다. 다른 3명은 싸늘한 시신으로 변했고, 살아난 주인공은 옥탑방 주인의 빚 독촉을 받고 잠시 편의점을 다녀온 뒤에 다시 단독 자살을 시도하던 중이었다.

죽을 수도 살 수도 없는 절망과 혼돈의 시간 속에서 이 남자는 길을 잃었다. 이들에게 아침의 문은 이렇게 잔인하다. 그래도 인간으로 살아야 하는 이유, 그 이유를 찾을 수 없어서 더욱 괴로운 심정으로.

인간을 괴물로 만드는 것, 괴물을 인간으로 만드는 것이 도대체 무엇일까. 소설 속에서는 비참하게 버림받고 걷어차인 여자의 한과 남자의 절망이 가득하다. 그들 스스로 괴물이 되어버린 인간의 모습, 괴물에서 인간으로 거듭나기 위한 안타까운 몸부림 속에 이 소설이 드러내고자 하는 사회상이 응축되어 있다.

악당 타이렁도 버림받은 인연으로 시작되었다. 포는 엄마는 없지만 현재의 아버지는 있다. 타이렁은 부모가 누군지도 모른 채 버림받았다. 누군가가 갓난아기인 타이렁을 시푸의 집 앞에 버리고 갔다. 시푸는 자기 집 앞에 누워 있는 아기를 데려다 친자식처럼 키웠다. 이 아기는 자라면서 쿵푸에 소질을 보였고 시푸는 자신이 직접 훈련시켰다. 그를 믿고 훌륭한 용사가 될 거라고 이야기해 주었다.

그 부모의 처지나 사정이 어떠했는지 모르지만 서글픈 운명이 아닐 수 없다. 시푸의 사랑을 받고 쿵푸를 배우면서 쑥쑥 성장한 타이렁. 시푸의 사랑을 듬뿍 받아서인지, 뛰어난 운동신경과 성실한 노력 덕분인지 일취월장의 기개를 보여준다. 하지만 그는 왜 괴물이 되었는가? 그 과정은 동료들의 입을 통해 공개된다.

사랑은 증오의 그림자

드디어 본격적으로 시푸에게 무공을 배우고 익히는 팬더 포. 그는 시푸의 무정과 무자비를 탓하지 않지만 그 이유를 잘 알지 못했다. 모처럼 공부를 열심히 한 탓에 온몸에 골병이 든 팬더. 사지가 욱신욱신 쑤셔 온몸에 침을 맞는다. 자기를 믿어 보라며 맨티스가 침을 놓아 주지만 실은 포의 몸이 두터워 혈도를 찾기 어려운 지경이다.

왜 시푸는 이다지도 무자비하게 포를 다룰까. 시푸 스스로 겪은 내면의 상처를 극복하지 못해서다.

시푸는 무슨 상처를 받았는가. 시푸와 타이렁은 친핏줄은 아니지만 부자 관계다. 예전에는 씨를 받아서라도 핏줄을 이으려는 집착과 몸부림이 심했지만 지금은 그런 시대가 아니다. 내막을 모르겠지만 시푸 역시 타이렁처럼 가족이 없는 홀로 된 존재다. 쿵푸를 배우며 외로움을 견뎌온 시간의 한 자락에서 타이렁을 키우게 된 까닭에 누구보다도 극진한 애정으로 타이렁을 보살폈다.

> "시푸 사부님이 나를 위해……, 뭔가를 해주려는 생각이 없었다면 나를 해치려는 줄 알았을 거야."
> "좀 무자비해 보이시지만 늘 그랬던 것은 아니야. 전설에 따르면 시푸 사부님이 웃으셨던 때가 있었대."

그 웃음의 바탕은 쿵푸의 천 가지 기술을 다 터득한 유일한 제자 타이렁 때문이다. 그만큼 타이렁은 단순한 제자가 아니었다.

타이렁이 갓난아기 시절 누군가가 시푸의 집 앞에 버려놓은 것을 시푸가 발견했고 친자식처럼 키웠다. 자라면서 쿵푸에 소질을 보였고, 시푸는 자신이 직접 훈련시켰다. 그를 믿고 훌륭한 용사가 될 거라고 이야기해 주었다.

하지만 스승의 칭찬에 교만해진 타이렁은 거기서 만족하지 않고 용의 문서를 원했다. 욕망에 눈이 먼 타이렁은 용의 문서를 강탈하려고 달려든다. 큰사부 우그웨이는 타이렁의 내면에 잠재한

사악함을 알아보고 거절했다. 아마도 누군가로부터 버림받은 악연의 씨앗이 자신도 모르게 몸 깊숙이 자리 잡고 있었는지도 모른다.

격분한 타이렁은 계곡을 초토화시키고 용의 문서를 빼앗으려 했다. 어린 시절부터 타이렁을 돌보아 온 시푸는 이를 막지 못했다. 싸우려고 해도 타이렁의 귀여웠던 기억이 마음을 가로막아 눈앞의 집착을 떨치지 못하기 때문이다. 결국 우그웨이가 혈도를 짚어 진압해서 감옥에 가두었는데 20년 만에 탈출한 것이다. 시푸는 용의 전사를 키워 바로잡고자 했지만, 우그웨이가 용의 전사로 지목한 팬더를 믿을 수 없어 벽에 부딪치고 말았다.

친자식처럼 애지중지 키웠던 타이렁에게 배신당한 시푸. 그는 타이렁을 진심으로 사랑했을까?

오늘날 부모들은 자식에 대한 그들의 정성을 사랑이라고 말하고, 자식들은 그것을 집착이라고 말한다. 하지만 자식들 역시 스스로 부모의 집착을 인정하고 받아들이고 그것에 사로잡힌다. 나약해서 의지하려는 마음이 깃들어 있어 벗어나기를 귀찮아하거나 두려워하기 때문이다.

괴물이란 기본적으로 엄마가 없는 존재들이다. 반면 엄마에게 먹힌 존재들이기도 하다. 부재도 아니고 포획도 아닌 그 틈을 찾지 못하면 인간은 모두 괴물이 된다. 서양 비극의 주인공인 오이디푸스도, 햄릿도 모두 엄마와의 끔찍한 (성적) 갈등을 겪는다.

세상의 엄마는 어디로 갔을까? 자식들은 왜 아버지를 죽이려 할까? 이제는 아버지도 사라지고 아들이 엄마까지 죽이는 세상이다. 실은 아들은 아버지가 아니라 엄마를 죽여야 한다. 여기서 죽인다는 말은 물리적으로 어떤 위해나 폭력을 가한다는 말이 아니라 심리적으로, 사회적으로 엄마로부터 독립을 해야 한다는 말이다. 아니, 자식이라면 딸이든 아들이든 아버지와 엄마 사이에서 독립의 길을 찾아야 한다. 그게 괴물이 되지 않는, 어쩌면 유일할 수도 있는 하나의 길이다.

변방 노인의 말

인생만사 새옹지마塞翁之馬라 했다. 새옹지마? 변방塞의 노인翁이 키우던 말馬 이야기다. 그 줄거리를 살펴보자.

옛날 중국 북쪽 국경지대의 한 마을에 아들과 단 둘이 살고 있는 노인이 있었다. 그 노인에게는 몇 마리의 말이 있었는데, 그것이 전 재산이었다. 어느 날 노인이 기르던 말 중에 한 마리가 심술을 부리더니, 별안간 국경을 넘어서 북쪽으로 도망갔다. 노인이 허겁지겁 말을 쫓아갔으나 날쌘 말을 잡을 수는 없었다. 노인이 터덜터덜 마을로 돌아오니, 사람들이 너나 할 것 없이 노인을 위로했다.

"좋은 말을 잃으셔서 가슴이 아프시겠습니다."

"큰 손해를 보셨습니다그려."

그러자 노인은 껄껄 웃으면서 말했다.

"할 수 없는 일이 아니겠소. 살다보면 이런 일 저런 일 다 있게 마련이오. 나쁜 일이 있으면 좋은 일도 생기겠지요."

그런 일이 있은 후 얼마쯤 지났을 때, 도망쳤던 말이 노인의 집으로 돌아왔다. 그런데 혼자 온 것이 아니라 아주 훌륭한 말 한 필을 데리고 함께 돌아온 것이었다.

이번에는 이웃 사람들이 모두 부러워하면서 말했다.

"정말 잘된 일입니다. 큰 횡재를 하셨군요."

"이렇게 훌륭한 말을 덤으로 얻게 되었으니 얼마나 기쁘십니까?"

그러자 노인은 역시 껄껄 웃으며 말했다.

"글쎄요. 말이 제 친구를 데리고 돌아온 것이 과연 좋은 일인지 모르겠습니다. 좋은 일이 있으면 또 나쁜 일도 있는 법이니까요."

그런데 그 뒤 몇 달이 지났을 때였다. 그 노인의 아들이 새로 온 말을 타다가 그만 말에서 떨어지고 말았다. 다행히 목숨은 건졌으나, 다리를 다쳐서 절름발이가 되고 말았다. 그것을 알게 된 마을 사람들은 또 다시 혀를 차면서 가여워했다.

"그 건강했던 아드님이 하루아침에 불구자가 되었으니 정말 슬프시겠습니다."

"할 수 없지요. 나쁜 일이 있으면 또 좋은 일이 있고 그런 것이니까요."

그 뒤 해가 바뀐 이듬해 어느 날 갑자기 오랑캐가 전쟁을 일으켰다.

그래서 마을의 젊은이들은 모두 군사로 뽑혀서 싸움터로 나가게 되었다.

그러나 노인의 아들은 다리를 절룩거렸으므로 전쟁에 나가지 않아도 되었다. 그 전쟁에서 많은 사람들이 목숨을 잃었지만 노인의 아들은 여전히 건강하게 지낼 수 있었다. 전쟁이 끝나자 아들을 잃은 마을 사람들은 노인을 부러워하며 말했다.

"참으로 좋은 일이 있다고 금방 기뻐할 일이 아니고, 나쁜 일이 있다고 금방 절망할 일도 아니야. 세상에는 좋은 일이 있으면 나쁜 일도 있고, 나쁜 일이 있으면 좋은 일도 있는 거야."

과연 아들의 부상은 좋은 일이었을까 나쁜 일이었을까? 이는 아들의 부상 그 자체에는 좋고 나쁨이 없고, 그 사건이 주변과의 관련성 혹은 배치 속에서 어떤 의미를 지니느냐에 따라서 그 사건의 가치와 좋고 나쁨이 달라짐을 뜻한다. 그리고 이런 일들은 먼 나라 중국의 오래된 고사 속의 이야기가 아니다.

비장 파열의 행운

1995년 나는 고3 담임을 맡고 있었다. 1년 내내 담임을 한 것도 아니고 반쪽만 했다. 고3 자연계 한 학급의 담임을 맡았던 선생님이 학기 중간에 학교를 그만두시는 바람에 대신 맡게 된 셈인데, 당시 그 반에 개성이 아주 뚜렷한 학생이 하나 있었다. 성격도 밝고 성적도 좋고 성당을 다니면서 연극 활동에도 참여하는 학생이었다. 단 한 가지 흠이 있다면 담배를 즐겨 피웠다는 점이다.

지금은 서울에서 강제 야자가 거의 사라졌지만 당시에는 버젓이 시행되던 때라 학생들이 밤 10시까지 남아서 타율적 야간학습을 하는 경우가 많았다. 밤늦게까지 남아서 강제로 학습을 하려니 스트레스가 오죽 많이 쌓일까. 이 학생의 스트레스 해소법은 담배였나 보다.

우리 학교에 3층짜리 작은 강당이 있었는데, 그 건물에 숨어서 담배를 피우던 이 학생이 누군가의 인기척을 느끼고 도망을 쳤다. 학교를 순시하던 수위 아저씨일 거라 생각하고 서둘러 담배를 끄고 도망을 치다 막다른 곳에서 갈등을 했다. 더 이상 갈 길은 없고 앞으로 가자니 2~3미터 아래로 뛰어내려야 하는 다급한 상황. 눈 질끈 감고 뛰어내리다가 비장이 파열되었다. 당연히 몇 주간의 병원 신세. 아, 강제야자도 서러운데 담배 피우다 도망쳐야 하는 기구한 팔자에 비장 파열까지 어머님 속이 얼마나 썩었으랴! 1995

년 6월의 일이다.

당시 이 학생의 어머니가 일하시는 매장은 강남의 삼풍백화점. 어머니는 직원 하나를 두고 작은 가게를 운영하고 계셨다.

하나뿐인 딸의 병 간호를 위해 백화점과 병원을 오가시던 어머니. 바쁜 와중에 딸을 돌보기 위해 병원을 찾은 그 시각. 1995년 6월 29일 오후 6시 경에 삼풍백화점이 무너졌다. 피해자에 대한 정확한 통계는 알 수 없지만 사망 약 500명에 부상 일천 명, 재산 피해만 수백억에 달하는 초대형 참사였다. 이 학생의 어머니가 매장에서 같이 일하던 직원은 숨을 거두었다. 어머니가 병원에 가지 않았더라면 생사가 불투명했을, 아니 거의 죽은 목숨이나 다름없었을 텐데, 어찌 보면 비장 파열된 딸이 어머니를 살린 셈이다.

이 어머니를 살린 건 무엇인가? 딸의 비장인가? 담배인가? 자율학습을 빙자한 야간 학습인가? 아마도 그 모두이겠지. 여하튼 세상에 좋은 것이란 없는지도 모른다. 그건 나쁜 것도 마찬가지. 야간학습도, 담배도, 비장 파열도, 나쁜 백화점에 세 늘어 장사하는 일도 그 자체만으로 좋다거나 나쁘다고 말할 수는 없다. 문제는 그 일과 사건이 어떤 관계와 배치 속에서 일어났는가인 것이다.

타이렁의 탈출이 누군가에게는 끔찍한 악몽의 재현일 수 있으나 큰사부 우그웨이의 눈에는 꼭 그렇지도 않았다. 오히려 용의 전사를 깨우는 도전이 되고 오랜 세월 그릇된 제자로 인해 고통받던 시푸에게도 마음의 평화를 찾을 한판의 싸움을 예감하는 의미 있는 만남이기도 하다는 걸 그는 이미 알고 있는 까닭이다. 자, 그럼 다시 팬더 속으로 들어가 보자.

우연이란 없다네!

"사부님, 사부님, 정말 나쁜 소식입니다."

"시푸, 그냥 소식일 뿐, 좋고 나쁜 건 없다네."

"사부님 환시가 맞았어요. 타이렁이 감옥을 부수고 이리로 온답니다."

"정말 나쁜 소식이구만. 용의 전사가 그를 막을 수 있다고 자네가 믿지 않는다면 말일세."

"팬더가요? 팬더는 용의 전사가 아닙니다. 그가 나타난 건 우연이에요"

"우연이란 없다네."

"네, 두 번이나 말씀하셨어요, 전에도……."

"친구여! 팬더나 자네나 하늘의 뜻을 이루지 못할 것이야. 통제할 수 있다는 망상에 사로잡혀 있다면 말일세."

"망상이요?"

"이 나무를 보게. 내 마음에 드는 때라고 꽃을 피울 수는 없지. 때가 오기 전에 열매를 맺게 할 수도 없어."

"하지만 통제할 수 있는 것도 있습니다. 열매가 떨어지게 할 때를

정할 수도 있고요, 그것을 어디에다 심을지 정할 수도 있습니다. 그건 망상이 아닙니다."

"그렇지. 하지만 어떻게 하든지 그 씨앗은 복숭아나무가 될 거야. 귤이나 사과를 원해도 복숭아만 열리겠지."

"복숭아로 타이렁을 막지는 못해요."

"막을 수도 있지. 잘 가르치고 기르고 믿어 줄 의지만 있다면."

"하지만 어떻게요? 도움이 필요합니다."

"아니, 믿음이 필요할 뿐이네. 약속해 주게, 믿는다고 약속해 주게."

"해볼게요."

"좋아, 나의 때가 왔네. 나 없이 길을 계속 가야 해."

〈쿵푸 팬더〉에서 가장 치열한 논쟁이 벌어지는 장면이다.

좋고 나쁨에 대한 우그웨이의 해석은 그것이 객관적이고 절대적인 것으로 존재하지 않는다는 말이다. 마치 하나의 역사적인 사건이 누군가에게는 엄청난 파괴와 피해를 가져다주지만, 누군가에게는 비싼 무기를 팔아서 떼돈을 버는 기회가 되는 것과 같은 이치다.

역사의 외침과 백성의 소리를 외면하는 위정자는 불통의 정치를 통하여 소통의 소중함을 역설적으로 일깨운다는 점에서 가치가 아주 없는 인간은 아니다.

우리는 그런 경우를 두고 '반면교사反面教師'라 한다. 나쁜 정책, 악마적 활동을 통해 사람들에게 경각심을 주고 제대로 삶을 성찰하게 하는 존재 말이다. 그런 의미에서 누군가에게 악을 가져다주는 괴물은 그 자체로는 분명히 나쁜 존재이지만, 누군가에게는 긍정적인 변화를 가져오는 좋은 존재이기도 하다.

인간관계에서도 마찬가지다. 내가 사랑하는 존재, 나를 사랑해주는 애인을 예로 들어 보자. 우리는 서로 사랑해 주는 누군가가 있어 목매고 살아가지만 그는 내게 꼭 좋은 존재만은 아니다. 때로 더불어 성장하고 발전하는 인생의 반려가 되기도 하지만 때로 집착과 쾌락의 대상으로 욕망을 채우느라 내 삶의 성찰과 발전을 방해하는 벽이 되기도 한다. 부모, 친구 모두 마찬가지다. 그 자체로 좋고 나쁜 존재란 없다. 선악이란 인간이 만들어낸 하나의 망상이고 그 가치는 결국 실재하는 관계 속에서 나타난다.

검사와 청소부가 있다고 가정해 보자. 두 직업이 그 자체로 좋고 나쁜 것이 아니라 행위와 배치와 관계 속에서 좋고 나쁨이 현실화된다.

검사라는 지위는 남들이 부러워하는 명예와 권력을 소유하기도 하지만, 그 지위의 힘을 빌려 돈을 받고 약자를 괴롭히는 유혹과 늘 싸워야 하는 힘든 자리다. 결국 유혹에 넘어가 떡검, 성검 등의 더러운 이름값을 하는 검사들도 나온다. 청소부도 마찬가지다. 사람들이 더럽다고 여기는 청소부의 일과 역할을 나쁘다고 말할 수 있을까.

라플라스와 아인슈타인

한 걸음 더 나아가 우그웨이는 말한다. 사물이나 대상을 통제할 수 있다는 건 하나의 망상이라고! 이러한 잘못된 확신을 가진 이들은 자연의 법칙을 무시하거나 인위적인 권력과 힘으로 상대를 지배하려고 한다. 이렇게 절대적인 가치에 얽매인 사람들은 스스로 망상에 사로잡혀 고정관념을 쉽게 탈피하지 못한다.

이는 무언가 조급하게 열매를 맺으려는 욕망 때문이고, 그 열매를 소유하지 못했을 때 찾아오는 불안과 절망 때문이다. 그런 의미에서 "일을 열심히 하되 열매에 연연해 하지 않는다. 뿌리가 잘 자라고 있는지 확인하기 위해서 흙을 자꾸 들추어 보는 농부는 없다. 열매가 잘 크고 있는지, 맛이 있는지 확인해 보기 위해서 익지 않은 열매를 수시로 따먹어 보는 농부는 없다. 그저 좋은 환경을 만들어 주기 위해 최선을 다하며 묵묵히 살피고 기다리는 일이 뿌리를 튼튼히 하는 지름길인 것이다"라는 비노바 바베의 말은 우그웨이가 시푸에게 던져 주고자 하는 말의 본뜻이기도 하다.

이제 화석처럼 오래된 영화인 〈쥐라기 공원〉은 꽉 막힌 절대주의와 유연한 상대주의의 대립과 갈등을 잘 보여준다. 기발한 상상력으로 공룡의 세계를 만들어낸 기술적 성취는 칭찬할 만하지만 통제 가능하다는 망상에 사로잡혀 쥐라기 시대의 공룡들을 동물원 우리에 가두어 상업적으로 팔아먹겠다는 건 어리석은 생각이다.

어떤 특정한 조건만 주어진다면, 그 상황을 완벽하게 통제하고 다스린다는 망상은 절대적이고 결정론적인 사고방식이다. 앞서 대화를 나누는 시푸와 우그웨이의 생각을 살펴보면 마치 라플라스와 아인슈타인의 대화 같다.

시푸는 라플라스이고, 우그웨이는 아인슈타인이라고나 할까.

라플라스는 누군가? 기계적이고 결정론적인 세계관을 상징하는 사람이다. 18세기 프랑스의 위대한 근대 물리학자 가운데 한 사람으로, 우주 상태는 결정돼 있고, 변수 값과 운동 방정식만 안다면 어떤 물리적 실체의 과거, 현재, 미래를 확실히 알 수 있다고 보는 견해다. 그의 생각을 보여주는 대표적인 용어가 '라플라스의 악마'다.

라플라스의 악마

1814년 프랑스 수학자 피에르 라플라스는 '모든 우주 원자의 정확한 위치와 운동량을 알고 있는 존재가 있다면, 뉴턴의 운동 법칙을 이용해 모든 과거·현재의 현상을 설명하고 미래까지 예언할 수 있다'고 주장했다. 후대의 학자들은 이 존재를 '라플라스의 악마'라고 불렀다.

자세히 설명하지 않아도 누구나 다 아는 아인슈타인. 현대물리학의 혁명적 변화를 일으킨 인물이다. 20세기가 되자 물리학은 혁명적으로 바뀐다. 신호탄은 알베르트 아인슈타인의 상대성원리이다. 절대적 시공간 개념을 부정한 것이다. 예컨대 빨리 움직일수록 시간이 느리게 간다는 충격적 이론이다. 양자 현상이 두 번째 신호탄을 쏘았다. 전자가 한 에너지 레벨에서 다른 레벨로 떨어지면서 빛(전자기파)을 내는데, 이 빛의 주파수가 특정한 값으로 고정돼 있다는 사실(양자 도약)이 발견된 것이다. 덧붙여 빛이 파동과 함께 입자의 성질을 가진 것도 기존 이론으로는 설명할 길이 없었다.

당혹한 과학자들에게 베르너 하이젠베르크는 '불확정성의 원리'라는 새로운 패러다임을 제시한다. 양자 세계에서 절대적이고 객관적인 속성을 지닌 입자가 존재할 수 없다는 난해하고 참신한 선언이었다.

아이슈타인의 상대성 원리와 더불어 20세기를 대표하는 물리 법칙 불확정성의 원리는 하이젠베르크에 의해서 발견되었다. 아주 작은 원자의 위치를 알아내면 그 입자가 운동하는 양을 동시에 아는 것은 불가능하고, 반대로 운동하는 입자의 운동량을 알려면 그 입자의 위치를 동시에 정확히 알 수 없다. 입자의 위치와 운동량을 동시에 알 수 없다는 것이 불확정성의 원리의 핵심이다.

하이젠베르크는 직선을 따라 일정한 속력으로 움직이는 전자의 위치를 측정하는 과정을 분석해 불확정성원리를 설명했다. 직선 위에 있는 전자의 위치를 알기 위해서는 전자를 관찰해야 한다. 이 이야기는 전자를 향해 광선을 내보내는 것을 뜻한다. 광선 속의 광자가 전자에 충돌하면 광자는 반사해서 우리 눈으로 들어오고 우리는 반사원리를 이용해 전자의 위치를 얻어낸다. 하지만 광자는 전자로부터 반사하면서 전자에게 자기 운동량의 일부를 전달하고 이것이 전자의 운동량을 바꿔 놓는다. 따라서 전자의 위치를 더 정확히 결정하면 할수록 운동량의 오차는 커진다. 그럴 수밖에 없는 이유가 전자의 위치 오차를 줄이기 위해서는 아주 짧은 파장의 광자를 전자에 쏘여야 하는데, 짧은 파장의 광자는 높은 에너지를 갖고 있으므로 이는 곧 운동량이 큰 광자가 필요함을 뜻하기 때문이다.

결국 우리는 전자를 측정하는 과정에서 광자 때문에 생기는 혼란을 제어할 수 없다. 따라서 만약 전자가 어디에 있는지 그 위치를 알면 운동량(속도)을 알 수 없고, 반대로 운동량을 알면 위치를 알 수 없다는 결과가 나온다. 다시 말해 전자의 운동량을 정확히 알면 위치가 불분명해지고, 위치를 정확히 알면 운동량이 불분명해진다.

하이젠베르크의 불확정성 원리는 미래에 대한 시각을 180도 바꿔 놓았다.

하이젠베르크의 불확정성 원리가 등장하기 전에는 미래는 정확히 예측할 수 있는 것이었다. 라플라스는 자신이 수많은 계산을 하는 데 필요한 자료와 계산력만 있다면 향후 천체의 운행을 한 치의 오차도 없이 예측할 수 있다고 말했다. 별자리가 어떻게 움직이는지 계산하면 알 수 있듯 세상만사 어떻게 움직일지를 다 알 수 있다는 것이다. 그래서 필요한 모든 계산을 다 할 수 있는 초능력자를 '라플라스의 악마'라고 부른다.

고전물리학에서는 수많은 변수가 있고, 계산이 좀 복잡할 뿐 필요한 변수와 계산 방법만 있다면 미래를 정해진 대로 예측할 수 있었다. 하지만 양자역학의 세계에서는 더 이상 '정해진 미래' 따위는 없었다. 하이젠베르크는 불확정성의 원리를 통해 고전역학의 '라플라스의 악마'를 사라지게 만든 것이다.

오늘날 우리를 둘러싼 망상은 무엇인가? 세상은 기계적이고 필연적인 법칙에 의해서 움직이며 인간은 그 세상을 통제하고 조작할 수 있다는 착각이다. 자연이든 인간이든 살아 있는 것은 그 누구도 억압하고 통제될 권리가 없다.

앞서 이야기했지만 복숭아는 지혜의 상징이다. 타이렁을 막을 수 있는 것은 무슨 비법이나 무기가 아니라 내 마음속의 망상을 버리는 깨달음의 지혜였다. 용의 문서는 그 지혜가 담겨 있는 보물이었다.

제자에게 지팡이를 물려주고 복숭아 꽃잎을 따라 사라지는 우그웨이. 마치 열반에 드는 부처님처럼 고요히 사라진다.

"믿어야만 해!"

'좋다, 나쁘다' 상대방을 판별하지 말고 그 상황을 극복할 지혜와 믿음을 가지라는 마지막 가르침이다. 떠나는 그의 몸 위로 분홍빛 복숭아 꽃잎이 우수수 떨어진다. 원래 우주와 하나였던 것처럼 스르르 그를 휘감아도는 꽃잎과 하나 되어 우주로 사라진다. 복숭아 꽃잎은 하늘에 올라 별처럼 빛나고 끝없는 허공에는 고요만이 가득하다.

09
의심과 믿음 사이

북극을 가리키는 나침은 여윈 바늘 끝을 떨고 있습니다. 바늘 끝이 떨고 있는 한 우리는 그 바늘이 가리키는 방향을 믿어도 좋습니다. 그러나 그 바늘 끝이 어느 한쪽에 고정될 때 우리는 그것을 버려야 합니다. 이미 나침반이 아니기 때문입니다.

- 신영복

당신에게 부조리를 믿게 만든 사람들은 당신이 포악한 행위도 저지르게 만들 수 있다.

- 볼테르

스스로를 믿는 순간 당신은 어떻게 살아야 할지를 깨닫게 된다.

- 요한 볼프강 폰 괴테

용의 전사를 믿어라?

신이 존재하는지 존재하지 않는지 모르지만, 적어도 한국 교회가 만든 하나님은 내 인생의 갈피마다 운명의 전환점을 심어 놓았다.

1980년 고1 겨울방학을 한 달 남짓 앞둔 11월의 어느 날 나는 생애 처음으로 교회를 찾아갔다. 아무 교회나 막 쳐들어간 건 아니고 작은누나가 다니던 천호동의 작은 개척교회였는데, 그날의 교회 방문은 내 학창시절의 전반을 흔들 만한 사건이었다. 학교와 집만 알던 순둥이가 처음으로 타지他地에 발을 내딛던 순간이었으니까. 신앙의 '신' 자도 모르던 내가 교회와 신앙이라는 단어를 본격적으로 접하면서 내 생각과 생활은 급속히 바뀌어 갔다.

11월 말경 부활절, 성탄절과 더불어 교회의 연간 3대 행사 중 하나로 꼽히는 추수감사절이 있었다. 추수감사절 특별 활동으로 성경 암송대회가 있었는데, 주어진 과제는 '믿음장'으로 알려진 히브리서 11장이었다.

'믿음은 바라는 것들의 실상이요, 보지 못하는 것들의 증거니 선진先進들이 이로써 증거를 얻었느니라'로 시작해서 '이 사람들은 다 믿음으로 말미암아 증거를 받았으나 약속된 것을 받지 못하였으니 이는 하나님이 우리를 위하여 더 좋은 것을 예비하셨은즉 우리가 아니면 그들로 온전함을 이루지 못하게 하려 하심이라'로 마치는 총 40절의 긴 내용인데 거기에는 믿음의 조상으로 알려진 아브라함을 비롯하여 다양한 믿음의 조상들 이야기가 약간은 과장된 영웅담처럼 펼쳐진다. 예수는 물론이고 믿음의 '믿' 자도 모르던 나는 고1 당시의 총명한 머리로 암송 대회 1위를 차지했다. 그 암송의 힘 때문이었는지, 그 후 3년간 나는 교회 생활에 약간 맹목적일 정도로 빠져들었다. 학교 공부를 게을리한 건 아니지만, 틈만 나면 교회에 가서 친구들을 만나고 싶었고 마천동에서 천호동까지 가까운 거리가 아니었음에도 새벽 기도도 자주 나갔으며 기도원, 수련회, 철야기도, 부흥회, 문학의 밤 등 교회의 각종 활동에도 빠지지 않고 열심이었다.

1983년 3월 전두환 독재정권 치하의 대학이라는 곳에 발을 내딛기 전까지는 한국 사회의 '사' 자는거녕 시옷 자도 모르는 인간이었기에 지극히 개인적인 신앙 생활 혹은 교회 활동이 어떤 시대성과 사회성을 띠는지 전혀 깨닫지 못했다. 그저 의심 없이, '믿으면 된다, 주 예수를 믿어라!' 지하철 안에서 소리치는 이상한 사람들의 주문처럼 그저 믿음이라는 관념 속에서 살아온 시절이었다.

1980년대 대학의 분위기는 지금보다 좀 이상했다기보다는 많이 살벌했다. 교정 곳곳에 상주하는 사복경찰(흔히 짭새라고 부른다)과 《창작과 비평》을 팔러 다니는 속칭 '창비' 아저씨들. 각종 기독교 선교 단체의 전도사들이 잔디밭 곳곳을 점령하고 앉아 시간을 보냈다. 나는 보수적인 선교 단체와는 성격이 다른 총기독학생회 SCA와 인연을 맺었다. 간디와 함석헌, 본 회퍼와 이현주 목사 등 정통 기독교적 관점에서 보면 이단아들이지만 역사성의 측면에서 보면 현실도피자들이 아니라 당당하게 사회참여하면서 고통받는 민중들과 삶을 함께하려는 신앙인의 모임이었다. 교회와 성경에만 의지하던 신앙에 금이 가기 시작했다.

1983년 시월의 마지막 날이었다. 전두환 군사독재 정권에 대해 전에 없었던 저항과 시위로 학내는 온통 최루탄에 뒤덮였다. 학회나 음성 지하써클을 통해 사회과학 공부를 하고 선배들을 통해 운동권이 된 친구들과 달리 시위의 원인과 성격, 본질 등을 알지 못했던 나는 종일 마음이 불편하고 당혹스러웠다. 몸과 맘이 따로 노는 정도가 아니라 몸도 마음도 바짝 얼고 굳어 당시 유행하던 나미의 노래가사처럼 그저 속만 태우며, 그저 바라만 보고 있었다. 정문 바로 앞에서는 잡혀가는 학우를 위해 구호를 외치며 돌을 던진 순진한 여학생 하나가 달려드는 사복경찰에 머리채를 붙잡힌 채 끌려갔다. 마음속에서 우울과 분노가 소리 없이 사람들 사이로 퍼져가던 시절의 풍경이다.

나와 같이 입학한 국문과 동기 하나가 '달려갔다(전경들에게 붙잡혀갔다)'는 소식을 들었다. 막걸리와 소주를 파는, 학교 앞 허름한 육교집 앞에 동기들이 모여들었다. '어두운 죽음의 시대'를 탄식하고 '검푸른 바닷가에 비가 내리면 어디가 하늘이고 어디가 물이오' 하는 김민기 노래 〈친구〉를 불렀다. 내 인식의 코페르니쿠스적 전환은 그날 일어났는지도 모른다. 도대체 이런 시대, 이런 세계 속에서 신앙이란, 신이란 다 무엇인가 하는 자책과 회의懷疑. 내가 누구인지, 무엇을 하며 사는지도 모르는 자신에 대한 참담한 분노. 이런 감정들에 휩싸여 술도 마시지 못하던 나는 무슨 이야기를 나누었는지, 집에 어떻게 갔는지 기억은 희미하지만, 이날 보이지 않는 손이 나를 다른 세계의 영역으로 이끌었던 것은 확실하다.

3년이란 세월의 힘이었을까. 종교적 믿음은 하루아침에 붕괴되지 않았다. 그해 겨울 처음으로 술을 마시고, 민중신학과 해방신학 그리고 우리 학교 풍토의 자유로운 신학적 사고와 충돌하면서도 끝내 신과 예수 등에 대한 믿음은 깨지지 않았다. 조지 오웰이 경고한 1984년. 그해 봄 김지하의 『밥(분도출판사)』이라는 책을 만나기 전까지는 그랬다.

그 뒤로 내 인생은 밥과 하나가 되었다. 나의 존재 이유, 나의 가장 소중한 것, 나의 가장 나중에 지니는 것, 그 모든 것이 밥이 되었다. 지금도 내 아이디는 '밥이 하늘이다'는 의미의 'bobsky' 다.

인간의 나약함을 시험하고 자기를 부정하게 하며 변화시키는 믿음이라는 것의 실체는 무엇일까. 인간에게 믿음이란 얼마나 나약한 관념이며 자기를 속이는 허무인지, 그러면서도 인간의 허무를 직시하며 허영을 깨뜨리는 초극의 자세인지를 이야기해 보자.

〈쿵푸 팬더〉에서 우그웨이가 남긴 심오한 말을 떠올려 볼 필요가 있다. 우그웨이는 '포가 용의 전사라는 걸 믿으면 타이렁의 등장이 나쁜 일이 아닐 수 있다'고 말했다. 시푸는 그 말을 절대 믿을 수 없었다. 포가 전사라는 건 말이 안 되니까. 하지만 믿어야 한다, 어떻게?

고대의 종교들은 믿음을 강조했다. 인간의 이성과 과학의 힘으로 믿을 수 없는 초자연적이고 신비로운 일들을 믿음으로써 인간이 지닌 무지의 공포와 한계를 뛰어넘고자 했다. 물론 믿음이 인간에게 온전한 자유를 가져다주지는 못했다. 그랬다면 인간 이성의 힘으로 새 문명을 개척하려는 르네상스는 일어나지 않았을 테니까. 그럼에도 믿음은 오랜 세월 인간을 사로잡아 왔고 지금도 그렇다. 그것이 믿음이라는 이름의 환상이든 아니면 진짜 믿음이든 상관없이 말이다.

의심을 찬양함

　믿음의 주체가 되는 인간이란 무엇인가를 심오하게 고민한 데카르트부터 오늘도 나 자신을 믿지 못하고 방황하는 현대인에 이르기까지 우리는 모두 의심의 자식들이다. '생각한다, 고로 존재한다'도 아니고 '믿는다, 고로 존재한다'도 아니다. 놀아야, 공부해야, 움직여야 존재한다고 여기저기서 말들이 많은데 그 많은 인간의 존재 근거로 의심을 추가하면 어떨까? '인간은 의심한다, 고로 존재한다' 이렇게 말이다.

　의심을 하지 않는다면, 외부로부터 다가오는 주장이나 명령을 아무런 의심 없이 받아들인다면 그는 살아도 산 게 아니다. 고로, 살아 있는 자는 의심하게 마련이다. 의심에 대한 훌륭한 예찬론자로 브레히트가 있다. 그의 시 「의심을 찬양함」에는 이런 구절이 보인다.

　　의심을 품는 것은 찬양받을 일이다!
　　당신들에게 충고하노니
　　당신들의 말을 나쁜 동전처럼 깨물어 보는 사람을
　　즐겁게 존경하는 마음으로 환영하라!
　　〈중략〉
　　물론, 당신들이 의심을 찬양하더라도,

절망적인 것을 의심하는 것은
찬양하지 말아라!

　의심을 찬양하면서도, 의심하는 힘을 잃어버려 절망에 빠진 사람까지도 의심하라는 경구다. 교리와 말씀과 권위가 지배하는 사회에서 의심은 최소한의 인간다운 생존 조건이다. 거짓 언론과 부정부패가 판을 치는 사회 역시 마찬가지다. 남들이 다 좁은 문을 비난하고 큰 길을 외칠 때, 합리적인 의심의 자세를 잃어버리고 처절한 절망에 빠진다면 그것은 인간의 길을 포기하는 것이다.

　우그웨이는 말했다. 믿으라고! 그럼 믿음과 의심은 공존할 수 있는가? 여기서 새로운 의심이 생긴다. 반대로 물어보자. 의심에 빠진 자는 믿지 않는 자인가? 내 생각은, 아니라는 것이다!
　의심과 믿음을 대립적인 가치로 보는 함정이 있다. 사실 믿음의 반대말은 의심疑心이 아니라 불신不信이다. 믿음의 적은 의심이 아니라 불신이다. 의심은 불신을 넘어서려는 치열한 노력이다. 의심 많은 바보가 세상을 바꾼다고 하지 않는가. 또 우공이산愚公移山이라는 말도 있지 않은가. 이들은 무언가 제대로 된 물음을 가진 자들이고 깊은 믿음을 가진 자들이다.
　회의하지 않는 자는 반도 믿지 않는다고 한다. 이를 뒤집어서 말하면 믿는 자는 끝없이 묻는 자이다. 의심하는 자이다. 결국 이렇게 보면 의심하는 자는 제대로 믿는 자가 된다. 제대로 된 깊은 물음을, 의심을 지닌 자만이 흔들리지 않는 믿음을 가지고 있다. 회의하지 않는다는 것은 자신이 스스로 믿는 바가 없다는 말이다. 반면에 의심하는 자는 자기 스스로의 존재 이유와 가치를 지닌 자이며 그렇기 때문에 외부의 가치와 명령에 대해서 끝없이 '왜?'라고 묻는 자이다. 그런 의미에서 의심하는 자는 묻는 자이고 그는 사랑하는 자, 깨어 있는 자이다. 그야말로 진정한 믿음을 지닌 자이다.

팀 버튼이라는 미국 영화감독이 만든 영화들은 풍부한 상상력과 판타지가 넘친다는 평을 듣는다. 그래서 어떤 영화평론가는 그가 '살아 있는 것을 믿지 말라'고 말한다고 평했다.

예를 들면 〈크리스마스 악몽〉이나 〈찰리와 초콜릿 공장〉, 〈이상한 나라의 앨리스〉 등이 그렇다. 이 영화들에 나오는 수많은 캐릭터와 줄거리를 보면 도저히 믿어지지 않는 기괴한 일들이 많다. 그의 상상력은 평범한 사람들이 지닌 상식과 생각의 범위를 넘어서는 것들이다. 그에게 평범한 우리 인간이나 생명체란 기껏 그냥 움직이고 존재하기만 하는 존재 그 자체인지도 모른다.

그러니까 사랑하는 마음으로 이야기한다, 살아 있는 모든 것들을 의심하라고!

내가 아닌 나는 어디에?

시푸가 포를 믿는다면, 그 믿음이 타이렁을 이기고 자신을 구원하여 평화를 가져다줄 거라는 우그웨이의 말. 시푸는 과연 믿었을까? 시푸의 고민이 남모르게 진행되는 동안 포의 벗 분노의 5인방은 어떤 마음을 가지고 있을까. 물론 그들은 절대로 포를 믿지 못했다.

타이렁이 온다는 소식을 들은 포와 시푸, 그리고 분노의 5인방.

심각한 상황을 앞에 두고 포와 5인방의 대표 타이그리스가 나누는 대화는 불신의 한 극단을 보여준다. 타이그리스는 포에게 "이빨 닦고 200킬로그램 뺄 때까지는 용의 전사가 될 수 없어"라며 타박하고 포는 "타이렁이 탈출했는데!"라며 눙치듯 반박한다. 너 따위는 안중에도 없다는 표정의 타이그리스, "그건 너의 운명이 아니야"라며 포를 부정한다. 그는 아직도 큰사부의 선택과 포의 변신을 믿지 못한다. 여전히 절대주의적인 망상에 사로잡힌 까닭이다. 우그웨이의 전언을 들은 시푸는 변했다. 믿는 스승을 따르는 자는 믿게 되어 있으니까, 믿음은 그렇게 전염되는 법이니까.

시푸 : 갈 수 없다. 진짜 용사는 그만두지 않아.

포 : 저를 봐요. 제가 어떻게 타이렁을 막아요. 사부님 때문에 계단까지도 못 가잖아요. 진짜 용사요? 믿지 않는 이야기죠, 절대 믿을 수 없잖아요. 저를 없애려 하셨잖아요. 처음부터 저를 믿지 않았잖아요.

시푸 : 그랬지. 이제 내가 너를 믿기 시작했으니 너도 나를 믿어달라고 부탁하마.

포 : 내 사부가 아니잖아요. 게다가 난 용의 전사가 아니에요.

시푸 : 그럼 왜 가라고 할 때 안 갔니? 그래도 너는 남았잖아.

포 : 예, 벽돌이 날아올 때마다 아팠고 냄새난다는 소릴 들을 때마다 아팠지만 매일 '그냥 나'로 사는 것보다는 나았어요. 내가 여기 남은 건, 나를 변화시켜 내가 아닌 나로 만들 수 있는 분은 사부님뿐이라고 생각했기 때문이에요. 온 나라 최고의 쿵푸 스승…….

시푸 : 내가 너를 바꿔놓을 수 있어, 내가 그렇게 해줄게.

포 : 됐어요. 타이렁이 오고 있어요.(……) 백년까지 걸린다 해도

내 뚱뚱한 몸을 어떻게 용의 전사로 만들어요? (소리를 지르면
서) 어떻게요? 어떻게요, 어떻게요?

시푸 : (맞대응하여 소리를 지른다) 나도 몰라! (어깨가 축 처져서) 나
도, 몰라~

포 : 그럴 줄 알았어요.

자기 자신을 믿지 못하는 포와 이제 막 믿음의 한 가닥을 잡게
된 시푸의 대화는 안타깝다. 진정으로 필요한 건 믿음이라는 큰사
부 우그웨이의 말에 시푸도 처음에는 반신반의했다. 하지만 믿음
외에 길이 없음을 알고 포를 설득한다.

스승이란 누구인가? 스승이란 먼저 믿는 자이다. 먼저 길을 내
고 길을 열어 보여주는 존재이다. 그 길은 현실의 길이나 과거의
길이 아니다. 성공해서 무언가를 자신이 이루었다고 스승이 되는
것은 아니다. 부족해도, 아직 다가오지 않은 미래라도 예지의 힘
과 믿음의 크기로 길의 가능성을 열어주는 사람이다.

시푸라고 어디 성공한 존재인가! 타이렁을 데려다 키웠지만 그
릇된 사랑으로 그의 삶을 그르치고 스스로 상처받았으며 그 뒤로
웃음을 잃어버린 아픈 과거 속에서 헤매는 존재다. 하지만 그는
자신의, 자신에 대한, 자신을 위한 믿음을 회복했다. 포기하고 돌
아가려는 포를 강하게 붙잡으려는 그의 열망은 믿음에서 나왔다.

'내가 나를 믿기 시작했으니까 제발, 너도 너 자신을 믿어 봐!' 시푸의 설득이다.

나를 믿는다는 것은 곧 너를 믿는다는 말이다. 역으로 너를 믿는다는 말 역시 나를 믿을 수 있다는 말이다. 하나를 믿는 자는 모두를 믿으며 하나라도 믿지 못하는 자는 세상 어느 것도 믿지 못하기 때문이다. 자, 그대는 자신을 믿는가? 혹은 나를 믿을 수 있는가. 아니면 그 무엇인가를.

무지한 스승

최고의 스승이란 누구인가?

세계의 4대 성인을 비롯하여 위대한 성인과 역사 속 뛰어난 영웅, 위인의 스승들을 꼽자면 한이 없다. 쏟아지는 별처럼 많은 인생의 스승들이 은하수를 채우고도 남을 터이다. 하나같이 그 탁월하고 진실된 스승의 면면들을 일일이 말하기 어렵지만, 개인적으로는 무지한 스승이야말로 스승 중에 스승이라 믿는다.

진정한 스승은 앎을 가르치지 않는다. 자신이 아는 바를 전수하기도 하시만 그것은 아주 극히 일부분이다. 오히려 스승은 모름을 가르친다.

자크 랑시에르의 『무지한 스승』은 본인도 모르면서 제자에게 학문과 삶을 가르치는 새로운 경지를 보여준다. 하긴 내가 아는 선생님 중에는 몸치이고 운동을 잘 못하면서도 체육 시간만큼은 최고의 축제 같은 즐거운 놀이와 참여 수업을 만들어 학생들의 존경과 사랑을 받는 분이 계시다. 그렇다. 스승은 자신의 지식을 제자에게 교과서로 가르치고 문제풀이해 주는 존재가 아니다. 참된 제자는 자습서로 독학하고 좋은 성적을 욕망하는 제자가 아니다. 스승은 스승을 가르치지 지식을 가르치지 않는다. 스승을 가르친다니? 무슨 말장난인가? 아니다. 스승은 자신의 삶 그 자체를 가르친다. 자신이 스승 삼는 가치와 실천을 몸으로 가르친다. 내가 믿는 자라면 믿음을 가르치고 내가 아는 자라면 앎을 가르친다. 내가 혁명하는 자라면 혁명을 가르치고 내가 사랑하는 자라면 사랑을 가르친다. 그는 그렇게 가르친다. 자신이 살고 있는 그 시대성 속에서 살아가는 그 자신을 가르친다. 미투!

우치다 타츠루에 따르면 스승은 스승을 모시는 분이다. 자신의 스승의 세계를 제자에게 전수할 알맹이가 있는 사람이 스승이다. 타이렁의 상처 때문에 고뇌하고 흔들리던 시푸는 큰사부가 믿었던 진리의 세계를 이제 스스로 믿게 되었다. 아직 지혜를 배우지는 못했지만 그것은 오롯이 제자의 몫. 그의 역할은 제자에게 믿음의 돌을 건네고 스스로 지혜의 길을 찾도록 안내하는 것이다. 〈쿵푸 팬더〉에서 그 안내자 역할을 용 문서가 하고, 제자가 만나는 지혜의 근원은 제자 당사자였다.

어쨌든 시푸는 포를 포기하지 않았다. 시푸 역시 어떻게 포를 변화시킬 수 있을지 알지 못했지만 그에게는 믿음이 생겼다. 믿음이 간절하면 지혜를 따르는 법이다. 그 믿음이 로또나 수능 대박 같은 허망한 욕심이나, 타자를 억압하는 독선적인 믿음이 아니라면 말이다.

아직 그 길을 찾지 못해 힘 빠진 모습으로 고개를 숙이고 돌아가는 시푸. 둘의 대화를 높은 지붕 위에서 말없이 지켜보던 타이그리스, 더 이상 팬더를 믿고 기다릴 수 없다는 듯 타이렁을 상대하러 나간다. 나머지 그의 동료들도 그를 따른다. 밤하늘을 날아가는 다섯 개의 몸줄기. 과연 분노의 5인방은 타이렁을 제압할 수 있을 것인가?

공부를
사랑하라
|
AMOUR
KUNG
FU

10
인재시교

자로가 여쭈었다. "바른 도리를 들으면 곧바로 실행해야 하오니이까?" 이에
공자께서 말씀하시었다. "부모형제가 살아 있는데 어떻게 바른 도리를 듣는다
고 곧바로 그것을 실행할 수 있겠느냐!"

염유가 여쭈었다. "바른 도리를 들으면 곧바로 실행해야 하오니이까?" 이에
공자께서 말씀하시었다. "암, 그렇고말고, 바른 도리를 들으면 곧바로 그것을
실행해야 하느니라." 이 이야기를 두 번 다 옆에서 들은 공서화가 말하였다.
"유(자로)가 '바른 도리를 들으면 곧바로 실행해야 하오니이까?'라고 물었을
때는 공자께서 '부모형제가 살아 있는데 어떻게 바른 도리를 듣는다고 곧바
로 그것을 실행할 수 있겠느냐!'라고 대답하시고 구(염유)가 '바른 도리를 들
으면 곧바로 실행해야 하오니이까?'라고 물었을 때는 '암, 그렇고말고, 바른
도리를 들으면 곧바로 그것을 실행해야 하느니라.'라고 대답하시니 저는 당혹
하여 감히 여쭙나이다."

이게 공자께서 말씀하시었다. "구는 평소 물러나기만 하는 성격이라 앞으로
나아가게 한 것이요, 유는 평소 사람을 앞서 질러나아가기만 하는 성격이라
뒤로 물러나게 한 것이니라."

- 논어, 선진편(『논어한글역주3』, 김용옥)

공자와 제자

제자가 원하는 것을 적확하게 맞춰 가르칠 수 있을까?

공자의 교육은 개인이 가진 성품과 자질, 환경의 차이를 인정하고, 사람과 상황에 따라 다르게 가르침으로써 질문자를 일깨워 주는 이른바 '맞춤식' 교육, '눈높이' 교육이었다. 이런 공자의 교육 철학을 인재시교因材施教라고 한다. 제자의 됨됨이(材)의 근원과 수준에 따라(因) 적절한 가르침(教)을 베푼다(施)는 말이다.

공자의 수많은 제자들 가운데 자로子路와 염유冉有가 있었다. 두 사람이 와서 말씀과 실천의 관계를 물었다. 공자의 대답은 한결같지 않았다. 공자가 한 입으로 두 말 하는 사람인가? 입으로는 두 말인지 모르지만 마음은 한마음이다. 제자의 성격과 행동을 보고 그에 맞는 적절한 대답을 해주었다. 공자와 제자들의 대화록인 논어를 보면 이런 모습이 자주 보인다. 제자들이 똑같이 인을 물어도 공자의 대답은 제각각 달랐다.

공자의 사상은 '인仁'이라는 한 글자로 요약할 수 있는데 그러나 이 '인'에 대한 표현은 '논어'에 무려 105회가 나온다. 제자들과의 대화에서 공자는 '인이란 무엇입니까?'라는 질문에 대하여 제자 한 사람 한 사람의 특성이나 자질, 학문 정도에 따라 각기 다른 방법으로 대답했기 때문에 논어에는 인에 대한 설명이 1백여 회가 나온다.

"무엇이 인입니까?"

"자기를 극복하여 예로 돌아가는 것이 인이다. 하루만이라도 자기를 극복하여 예로 돌아간다면 천하의 사람들이 모두 인으로 귀의할 것이다. 그러니 인을 실천하는 것이 자기에게 달렸지 남에게 달렸겠느냐?"

누군가 인에 대해서 물으면, 인이란 '자기를 이기고 예로 돌아감(극기복례克己復禮)'이다, 이렇게 말하고 다른 사람이 물으면 인은 곧 애인, '사람에 대한 사랑'이라 대답한다. 고정된 인의 개념을 갖기보다 제자들의 질문에 '사람을 사랑하는 것', '자기가 바라지 않는 것을 남에게 베풀지 않는 것', '자기를 극복하고 예로 돌아가는 것' 등 묻는 사람의 마음에 비추어 다양하게 대답한다. 물론 결론은, 인은 이기심을 버리고 이타심을 발휘하는 어진 마음, 즉 다른 사람을 사랑하는 마음으로 사람을 사람답게 하는 가장 중요한 가치를 의미한다.

진리를 절대적인 불변의 고정된 물질로 보지 않고 살아 움직이는 생명으로 파악하여, 그 사람이 가진 본성과 재능에 따라 상대방과의 관계와 배려 속에서 꼭 필요한 대답을 해주는 공자의 마음과 능력을 보여준다.

스승 시푸가 가르치는 방법

팬더 포의 사부 시푸도 처음에는 팬더를 막무가내식 공부법으로 다스리려 했으나 팬더에 대한 깊은 믿음이 생긴 뒤로는 팬더를 자세히 관찰하고 그에게 알맞은 인재시교 공부법을 펼치기 시작한다. 제자인 포의 관심과 취향을 읽고 그에 맞는 방법으로 키우는 것이다.

그럼 포의 눈높이에 맞는 교육법은 무엇인가? 두말 할 것 없이 포의 최대 관심사는 밥이다. 그 급한 와중에도 먹는 일을 잊지 않는 우리의 주인공 포. 무언가를 훔쳐 먹기에 여념이 없다. 빤히 쳐다보는 시푸 앞에 무안했는지 "무엇을 보세요? 전 열받으면 먹는다구요"하고 변명을 늘어놓는다. "아냐, 설명 안 해도 돼. 그냥 몽키가 아몬드 쿠키를 선반에 두거든." 시푸가 이렇게 말하는 이유는 포를 선반에 올려놓기 위한 노림수다.

무거운 몸으로 높은 데 올라가 보라는 과제를 에둘러 제안한

것이다. 순진한 포. '몽키한테 말하지 마세요'라고 한 마디 던지고
는 어느새 선반 위에 올라가 과자를 먹는다. 두 다리를 일자로 쫙
벌리며 고수들만 가능한 다리 찢기를 하고 선반 위의 쿠키를 먹는
다. 자기도 모르는 가운데 먹기에 대한 열망이 극한의 자세까지도
가능케 한 것이다. 남들 같으면 열받을 일이지만 시푸는 이 순간
자상하게 먹을 것이 있는 비밀 장소까지 알려준 것이다. 공부는
상대가 간절히 원하는 곳의 노하우know how, 노 웨어know where를 알
려주는 데서 시작한다!.

자네 정말 쿵푸를 배우고 싶나?

선반 위에 올라가 몽키의 과자를 훔쳐 먹는 포에게 묻는 시푸.

시푸 : (놀라는 표정으로) 너 봐라!

포 : 나도 알아요. 넌더리 나죠?

시푸 : 아니, 그게 아니라 어떻게 올라갔지?

포 : 몰라요. 내 생각에는, 몰라요, 그냥 쿠키 먹으러.

시푸 : 지금 땅바닥에서 3미터 올라갔다. 다리 찢기도 완벽해!

포 : 아니에요. 이건 그냥……, 우연이에요.

  (쿵 하고 떨어지는 팬더)

시푸 : 우연이란 없어. 따라와 봐.

시푸의 입에서는 이건 우연이 아니라는 듯, 3미터 높이의 선반에 올라가 다리를 찢으며 과자를 먹는 포를 보면서 이제 '우연이란 없다'는 말이 자연스럽게 나온다. 거기에 포에게 숨겨진 능력에 대한 믿음이 더해진다. 그리고 본격적으로 이어지는 몸의 수련. 숨겨진 능력이 확인되었으니 이제 도전의 시간이다. 어디론가 자기를 데려가는 시푸에게 "신비로운 수련을 하러 가는 거겠지만 최소한 어디 간다고 말은 해줘야지요"라고 묻지만 시푸는 말이 없다.

시푸가 포를 이끌고 간 곳은 큰사부가 깨달음을 얻은 신비의 장소다. 물론 공부하는 데 신비의 장소가 따로 있지 않겠지만, 진정한 학인에게는 시장통이나 길거리가 가장 의미 있는 공부 장소다. 그래도 영화는 뭔가 신비감을 드러내기 위한 장치일 수도 있다.

낑낑거리며 겨우겨우 목적지에 도달한 포.

포 : 여기까지 나를 끌고 와서는 겨우 목욕을 해요?
시푸 : 팬더, '신성한 눈물의 연못'에서 겨드랑이는 씻지 마라. 이
　　　곳이 우그웨이 사부님이 조화와 집중의 신비를 터득하신 장소
　　　다. 바로 쿵푸의 발상지란다.

포의 눈에 환상이 보인다. 머릿속으로 음과 양의 조화를 이루는 그림과 우그웨이의 무술 수련, 그리고 시푸의 쿵푸 수련 모습이 스쳐 간다.

시푸 : (배에 가득 기운을 채워서) 자네 정말 쿵푸를 배우고 싶나?

포 : (감격하는 목소리로) 네~!

시푸 : (자부심 가득한 목소리로) 그럼 내가 너의 사부다.

포 : 좋아요.

시푸 : 그럼 울지 말아라.

포 : 알았어요.(감격의 눈물을 닦으며 공부의 결의를 다진다)

이제야 비로소 본격적인 공부의 수련에 들어간다. 문제는 그동안 포를 길들여 온 몸의 타성을 어떻게 깨뜨려 변화시킬 것인가라는 점. 여기서 시푸의 지혜와 안목이 빛을 발한다.

시푸 : 쿵푸에 집중할 때, 집중할 때도 너는 꽝이다. 5인방을 가르친 방법으로는 너를 가르칠 수 없다. 이제야 가르칠 방법을 찾았는데, 바로 이거다.(동시에 만두 한 그릇을 꺼낸다)

포 : 오, 멋져요, 배고픈데 마침……

시푸 : 훈련을 통과하면 먹어도 좋다.

상대의 처지와 마음을 읽고 가르치는 인재시교의 공부가 시작되는 순간이다.

여기서 이 영화의 백미에 해당하는 아름다운 수련 장면이 펼쳐

진다. 만두와 국수와 수프 등을 활용해서 가장 유려하면서도 한 치 양보 없는 치열한 모습으로 사제간의 공부, 쿵푸가 이루어진다. 이는 스승인 시푸가 자신의 모든 내공을 제자에게 전수하는 시간이기도 하다. 제자는 온몸으로 달려들어 배우려 하고 스승은 모든 것을 내어줄 듯 줄 듯하면서 한 걸음씩 인도해 나간다.

밤낮을 가리지 않고 일진월보의 절차탁마가 이루어지고 드디어 만두 한 그릇을 놓고 벌이는 젓가락 대결. 흥미진진한 사제 간의 대결이 펼쳐진다. 그동안 갈고닦은 쿵푸 실력을 판가름하는 마지막 자리. 온몸으로 공부하는 선인들은 이렇게 마지막 겨룸의 자리를 마련한다.

만두 한 그릇을 매개로 한참 동안 강도 높은 훈련을 한 다음, 마치 일생을 걸고 대결하는 긴박한 장면처럼 마지막 내공을 겨루는 자리가 마련된다.

둘의 싸움은 만두 하나를 둘러싼 현란한 개인기의 젓가락 대결. 첫 번째는 세 개의 접시 안에 하나 남은 만두 찾기. 무엇이 진실인가를 가려내는 눈을 시험하는 과정이다. 두 번째는 접시 안에서 젓가락 싸우기. 싸움의 장을 벗어나는 담력과 기지를 시험하는 것이다. 접시 자체를 깨버리고 만두를 밖으로 꺼내자 이번에는 젓가락을 던져 나무에 만두를 걸어놓는다. 이제 온몸으로 덤벼들기. 양보 없는 온몸의 싸움이다.

수십 합을 겨룬 뒤에 드디어 사부를 뛰어넘는 무공을 보인 포. 흐뭇한 모습으로 눈길을 마주치며 만두 한 알을 입에 넣으려다가 만두를 사부에게 던지고 자랑스럽게 말한다.

"배 안 고파요, 사부님."

제대로 된 행복한 배움 앞에 어찌 만두가 그리 중요하랴. 침식을 잊고 즐겁게 공부한 공자가 떠오른다. 이제 진정한 자신을 찾은 팬더의 마음에 물질적 욕망 따위는 몸과 마음을 괴롭히는 적수가 되지 못한다. 그윽한 기쁨이 차오르고 겸손한 합장의 인사 속에서 스승과 제자는 하나가 된다.

우리 시대의 인재시교를 꿈꾸며

30~40명의 학생들이 모여 있는 빽빽한 교실에서 학생들과 교사들 사이에 인재시교는 과연 가능할까.

인재시교는 물론 가장 이상적이며 지혜로운 교육 방법이지만, 그렇다고 어디서나 마음 먹는다고 쉽게 실현할 수 있는 것도 아니다. 가르치는 교사가 학생 한 사람 한 사람의 개성과 고민을 두루 파악하지 않고서는 이루어지기 어렵기 때문이다.

구례에 있는 중학교에 강의를 갔다. 교사는 11명. 학생들은 한 학년 한 학급으로 전체 학생이 60명 남짓. 지리산 자락에 자리 잡은 학교로, 섬진강이 멀지 않다. 학교는 담이 없이 자연에 맞닿아 있고 교정 한쪽에는 야외 수업을 할 수 있는 자리도 마련되어 있다. 독서와 사색과 토론을 활발하게 하면서 교사와 학생이 더불어 성장할 수 있는 공간이 무척이나 부러웠다.

이 학교는 학년에 따라서는 학급당 인원수가 많게는 20여 명, 적게는 4, 5명인 학년도 있다. 지리산 자락의 소박한 나물과 김치 등이 반찬으로 나온 담백한 급식을 같이하면서 이야기를 나누었다. 나는 수업을 하기 위해 가장 편안한 학생들 수가 얼마인지 물었다.

당연히 4, 5명 정도면 가장 좋은, 최적의 수업 환경이라는 대답이 나오리라 생각했는데, 들려온 답변은 20명 내외였다. 실제 내가 주로 진행하는 토론 수업을 한다 해도 12~16명 정도가 가장 이상적인 것을 생각하면 일면 수긍이 가면서도, 학생들하고 수업을 할 때 왜 20명 정도가 좋은지 물었다.

"학생 수가 적으면 한 사람 한 사람의 개성에 맞는 눈높이 수업을 해야 하잖아요. 그 학생의 학업 성취 능력은 물론이고, 가정 형편, 교우 관계, 남모르는 특성과 고민 등을 두루두루 알고 있어야 맞춤형 수업이 가능하고, 나아가서 학생 한 사람 한 사람을 모두 성장시키면서 책임져야 하니 부담이 훨씬 더하죠. 그래서 어떤 면에서는 20명은 되어야 서로간에 배움도 일어나고 교사가 모두를 다 알고 가르쳐야 한다는 부담에서 자유로울 수 있을 것 같아요."

공자처럼 모든 학생, 제자들을 두루 알고 그들에게 필요한 모든 것을 해줄 수 있다면 얼마나 좋으련만, 4, 5명만 되어도 무척이나 어렵고 그래서 차라리 학생 수가 적당히 많은 것이 좋다는 말이 이해된다. 학생들의 눈높이에 맞는 맞춤형 교육. 팬더의 사부 시푸는 고민의 해답을 거기서 찾았다. 믿음을 가졌으면 다음에는 지혜와 관심, 즉 사랑이 필요하고, 사랑이 가득 찬 교육은 바로 교육의 주체에 대한 깊은 돌봄과 이끌어 줌에서 시작된다. 우리 시대에 인재시교가 절실한 이유다.

공부를
사랑하라
|
AMOUR
KUNG
FU

11
공부는 공부空夫다

오늘 나는 대학을 그만둔다. 아니, 거부한다. G세대로 '빛나거나' 88만원 세대로 '빚내거나', 그 양극화의 틈새에서 불안한 줄타기를 하는 20대. 그저 무언가 잘못된 것 같지만 어쩔 수 없다는 불안과 좌절감에 앞만 보고 달려야 하는 20대. 그 20대의 한가운데에서 다른 길은 이것밖에 없다는 마지막 남은 믿음으로.

- 김예슬 선언 중에서

노예를 키우는 교육

학교의 은밀한 속살을 섬세하게 보여줘서 인기를 얻었던 드라마 〈학교 2013〉에는 두 개의 상반된 공부 방법을 놓고 두 교사가 갈등을 겪는 장면이 나온다. 두 가지 대립적인 공부법의 핵심은 암기와 토론이 그것이다. 학교폭력과 성폭력으로 사회가 하도 흉흉해서 이 드라마의 본 줄기를 학교폭력 문제로만 보기 쉽지만 이 〈학교 2013〉에서는 공부와 학습에 대한 고민도 치열하다. 첫 장면부터 자신이 다니는 학교를 속이고 외고 학생들만 다닐 수 있는 특별 학원에 다니는 여학생 이야기로 시작했다.

한국 사회가 법적으로는 학력에 의한 차별을 받지 않도록 되어 있지만 그건 어디까지나 법조문 속의 이야기다. 우리 사회에서 학력, 아니 학벌은 권력, 돈, 외모만큼이나 지독히 오래된 차별의 근거다. 간혹 언론에 오르내리는 볼썽사나운 학벌주의 조장 광고들을 보면 눈살이 찌푸려진다. 과연 상위권—이 말도 참 한심한 표현이지만—대학에 진학하는 것이 공부를 잘 하는 걸까?

2013년 초 무렵 눈에 띈 광고가 있었다. 벚꽃 활짝 웃으며 흐드러지게 피어 있는 길. 교복 입은 두 소녀가 방싯 웃는 사진이다. 그 왼편, 편지지 바탕에는 11줄짜리 글이 적혀 있다. 섬뜩하다. 모 사교육 매출 1위 업체의 이른바 '우정 파괴' 광고 문구의 일부를 보자. "새 학기가 시작되었으니 / 넌 우정이라는 그럴듯한 명분으로 / 친구들과 어울리는 시간이 많아질 거야 / 근데 어쩌지? / … 수능 날짜는 뒤로 밀리지 않아… / 벌써부터 흔들리지 마 / 친구는 너의 공부를 대신해 주지 않아."

나에게 스승과도 같은 도반, 친구와 어울리지 말고 공부를 하라는 내용이다. 이게 무슨 엉터리 공부인가!(이러니 사람들이 공부를 불신하고 오해한다)

또 강원 S고 3학년 교실 입구에 붙어 있는 심화반(우등반) 팻말에는 한자로 '비상飛上'이라고 적혀 있고, 그 아랫부분에는 'Reach for the S. K. Y.'란 영문 글귀가 적혀 있었다. 이 학교 교장은 '푸른 하늘을 가리킨다'며 '높이 날자는 뜻으로 만들었다'고 하지만, 일찍 죽어서 하늘나라에 도달하자는 말이 아니라면 누구나 아는 유명 대학들의 이니셜을 넣은 것임에 분명하다. 학벌 경쟁을 조장하는 광고라는 비판이 일자 학교에서 사라졌지만, 우리 사회 곳곳에서는 이렇듯 성적지상주의, 1등 만능주의, 승자독식주의에 따른

눈먼 경쟁이 그치지 않는다.

폐허가 된 교육의 현장에서는 어둠속에서 까마귀들이 죽은 시신들을 파먹듯 교육을 이용해 이익을 취하는 업체들이 난립한다. 이는 너무나 뿌리가 깊고 넓고 단단해서 칼로 무 자르듯 해서 해결될 수 있는 것이 아니다. 이미 사회적 양극화의 주범이 된 사교육 시장은 입시교육 체제가 계속되는 한 절대 사라지지 않을 것이다. 그 속에서 이루어지는 공부가 공부일까.

그것은 참된 공부가 아니다. 온몸으로 수련하는 공부功夫, 쿵푸는 더더욱 아니다. 아무리 돈에 눈이 멀어도 그렇지, 마음도 몸도 정신도 모두 빼앗긴 채 제도의 노예가 되고 학벌의 미망에 사로잡히는 것 따위가 어찌 진정한 공부가 될 수 있겠는가. 공부의 내용과 방법에 앞서 공부의 철학과 바탕이 잘못 되었다면 그것은 진정한 공부라고 할 수 없다.

김예슬 선언

2010년 봄 한국사회의 학벌주의를 규탄하며 충격을 준 사건이 있었다. 그 유명한 김예슬 선언이다. 사교육 업체들과 공교육 업자들의 교육 장사에 정면으로 돌을 던지며 학벌주의 사회에 문제를 제기한 이 선언은 최상위 학벌 제도권이라는 공고한 내부의 벽을 허물고 나온 당찬 울림이었다. 이 선언 속에 나타난 이 시대 대학생의 고민과 사회적 모순에 대한 날선 비판은 비겁하게 현실과 타협하며 살아가는 속물들에게 하나의 채찍이 되었다. 그 서늘한 울림의 일부를 같이 나누어 보자.

이제 나의 이야기를 시작하겠다.

이것은 나의 이야기이지만 나만의 이야기는 아닐 것이다. 나는 25년 동안 경주마처럼 길고 긴 트랙을 질주해 왔다. 우수한 경주마로, 함께 트랙을 질주하는 무수한 친구들을 제치고 넘어뜨린 것을 기뻐하면서. 나를 앞질러 달려가는 친구들 때문에 불안해하면서. 그렇게 소위 '명문대 입학'이라는 첫 관문을 통과했다.

그런데 이상하다. 더 거세게 나를 채찍질해 봐도 다리 힘이 빠지고 심장이 뛰지 않는다. 지금 나는 멈춰 서서 이 경주 트랙을 바라보고 있다. 저 끝에는 무엇이 있을까? 〈중략〉

이름만 남은 '자격증 장사 브로커'가 된 대학, 그것이 이 시대 대학의 진실임을 마주하고 있다. 대학은 글로벌 자본과 대기업에 가장 효율적으로 '부품'을 공급하는 하청업체가 되어 내 이마에 바코드를 새긴다. 국가는 다시 대학의 하청업체가 되어, 의무교육이라는 이름으로 12년간 규격화된 인간 제품을 만들어 올려 보낸다. 〈중략〉 이제 대학과 자본의 이 거대한 탑에서 내 몫의 돌멩이 하나가 빠진다. 탑은 끄떡 없을 것이다. 그러나 작지만 균열은 시작되었다. 동시에 대학을 버리고 진정한 대학생의 첫발을 내딛는 한 인간이 태어난다. 이제 내가 거부한 것들과의 다음 싸움을 앞에 두고 나는 말한다.

그래, 누가 더 강한지는 두고 볼 일이다.

누가 더 강한지는 두고 볼 일이다. 강하다는 것이 무엇일까? 인간은 왜 강해야 할까? 노자는 부드러움이 강함을 이긴다고 했는데, 김예슬 선언이야말로 노자 같은 부드러움의 극치가 아닐까 싶다. 콘크리트 같고 철조망 같은 기계적인 사회구조를 비판하며 조롱하며 탈주하며 유유히 흐르는 바람처럼, 물처럼 새길을 열어가는 자유인의 함성, 그것이 이 선언이 아닐까.

그런 의미에서 김예슬의 공부는 팬더 포를 닮았다. 꿈을 버리고 벽을 뚫고 거리로 나서서 현실과 직면한 채 나의 길을 간다. 그것이 길 없는 길, 아무도 걷지 못한 길을 걸어간 김예슬의 공부였다.

공부에 왕도는 없다

그러면 진정한 공부의 길은 따로 있는가? 역설적이지만 공부에는 왕도가 따로 있지 않다. 공부를 좀 해본 사람이면 누구나 안다. 편하고 쉽게, 혹은 누구에게나 똑같이 적용되는 절대 진리가 없다는 것을. 절대 진리가 없기에 거기에 도달하는 길도 달리 정답이 있을 수 없다.

내가 고등학교 다니던 시절, 국어는 '한샘', 수학은 '수학의 정석'과 '해법수학'이 왕도였고 영어는 '성문기본영어'와 '성문종합영어'가 왕도였다. 지금보다 시장 규모도 작았고, 다양성이 중시되기보다 뭉쳐야 산다며 가장 강한 한두 개를 중심으로 시장을 휩쓸던 시절이라 그랬다. 하지만 지금에 와서야 어디 그런가. 출판 시장도, 학습지나 참고서 시장도 백가쟁명을 구가한 지 오래다. 정답도, 왕도도 없기 때문이다. 공부에 왕도 없음은 비단 국영수만의 문제는 아니다.

공부에 왕도가 없다 하니, 그럼 공부에서 요령을 찾자는 한심한 논리도 생겨나는 마당인데, 당장 트위터 몇 개만 검색해도 각 분야에서 깊은 공부를 한 사람들은 공부에 왕도 없음을 강조하고, 그 분야에서 공부의 어려움을 뼈저리게 겪은 사람들이다.

> 작곡이나 외국어나 배우는 방식은 같다. 듣고(음악 감상), 읽어보고(노래, 악기 특히 피아노), 문법 공부(화성학, 음악 분석), 외국인과 대화하고(앙상블, 즉흥 멜로디 쓰기), 꾸준히 하는 것. 그 스킬을 어느 정도 배우고 나면 누구나 할 수 있다. 작곡 역시 왕도는 없다.

외국어 공부하듯 꾸준히, 열심히 하는 길 외에 작곡 공부도 달리 잘할 수 있는 방법이 따로 있지 않다는 말이다. 〈쿵푸 팬더〉의 숨겨진 비밀, 전설의 비급 용의 문서가 말하는 교훈도 바로 그것이다. 온몸으로서의 공부, 쿵푸에 길이 따로 있지 않으니까.

KBS 다큐멘터리 〈공부하는 인간 호모 아카데미쿠스〉에서 '공부하는 인간'을 다룬 내용을 보면 공부의 방법 가운데 암기와 토론의 대조를 보여준 점이 인상적이다.

문화와 공부의 관계를 생각하면 한 마디로 동양의 암기와 서양의 토론으로 정리가 된다. 유교권의 동양에서는 암기 위주의 교육 방법이 보편화되고 인기가 있었다. 책들이 보편적으로 도덕에 대한 내용이 주를 이루고 있기 때문에 책을 외워서 그대로 실천하는 일이 중요했다.

이상주 중원대 교수는 다음과 같이 우리 선조들의 암기 공부를 강조했다.

> 송시열은 매일 『맹자』 수편, 『서경』의 「요전 순전」과 「대우모」, 『중용』과 『대학』의 정문正文, 주자의 글 중 한두 편 장편長篇을 외웠다. 매번 문생들에게 "독서는 반드시 평일 외우는 것이 있은 후에 활용할 수 있다. 삼사백 번을 두루 읽지 않으면 문리文理에 통달할 수 없다"고 했다. 정약용도 암기왕이다. 김득신은 백이열전을 억만 번을 읽고 암기했다. 이하곤도 눈물이 나도록 고전을 암기했다.

이와 달리 서양은 토론을 중시해 왔다. 그중에서 특히 유대인의 토론 교육은 널리 알려져 있다.

유대인은 끝없이 이어지는 토론을 교육의 기본으로 한다. '학교에서 선생님 말씀 잘 들었니?'가 아니라 오늘 가서 무엇을 질문하고 왔는지를 묻고 가르친다. 아이들이 말을 배우면서부터 묻고 답하는 형태로 가정에서 교육한다.

유대인 사회에서 교육의 근본은 가정이다. 유대교에서 공부의 기본이 되는 경전은 탈무드다. 탈무드는 유대인 율법학자들이 조상들의 법과 전통에 관한 내용을 제자들을 통해 전해내려온 것을 집대성한 책이다. 탈무드의 장점은 열린 텍스트. 정답과 결론을 주지 않고 읽은 사람들이 활발한 토론을 통해 보다 나은 생각, 다양하고 창의적인 답을 찾아내도록 요구한다. 대부분 국가들의 대학 도서관은 고요한 분위기에서 숨소리조차 크게 못 내지만, 유대인들의 도서관은 시장바닥보다 더 시끄럽고 활발하다. 유대인들은 도서관에서 서로가 한없이 탈무드를 놓고 논쟁을 벌이기 때문이다.

세계 최고의 명문대학 하버드에서 유대인이 차지하는 비율이 30퍼센트나 된다. 유대인의 영향을 받은 아프리카 일부 국가에서도 이스라엘처럼 논쟁을 정리하거나 유도하는 토론식 공부를 한다.

동양에서 암기의 정점을 보여주는 곳은 인도의 수학 공부다. 인도에는 우리가 보통으로 사용하는 계산법과 다른 방식으로, 전자 계산기를 능가하는 고유의 독특한 암기식 계산법이 존재한다.

지금은 과학기술과 서양 문화의 영향력이 커진 탓에 서양식 토론이 점점 중시되고 있다. 노벨상을 가장 많이 받은 유대인들을 생각해 보면 토론 교육의 중요성은 말할 것도 없다.

책은 반드시 많이 읽어야 하나?

세상에 독서를 강조하지 않는 공부 고수는 거의 없다.

우리는 '공부' 하면 책 없는 공부를 상상하기 힘들다. 책, 특히 고전을 많이 접하고, 암송과 구술의 신체 단련을 요구하며 공부의 최종 심급으로 글쓰기 수련을 권장한다.

동서양의 지혜의 보고인 고전이나 비록 고전 반열에 끼지는 않아도 우리를 자극하고 이끌어 주는 수많은 책들. 하지만 책을 꼭 읽어야만 할까? 그리고 글을 써야만 하나? 약간의 딴지를 걸고 싶은 마음이 생긴다. 책을 엄숙하고 진지하게, 그리고 바른 자세로 읽어야 한다는 고정관념도 가능하면 버리라고 권하고 싶다.

나는 가끔 학교에서 학생들에게 책을 읽히고 저자나 책 관련 인물, 단체 등을 찾아가 인터뷰를 하고 발표하는 수업을 진행했다. 저자를 섭외하기 위해 책을 읽은 뒤에는 공동으로 서평을 쓰고 토론을 한다. 책을 잘 읽기 위한 사전 활동이자 사후 공부인데 그 과정 자체가 책읽기만큼 중요하고 의미 있는 공부다.

개인별로나 모둠별로 책을 읽는 과정에서 어느 정도의 책읽기 자유를 보장해야 할지 늘 고민한다. 이런 고민의 바탕에는 다음과 같은 도전이 도사리고 있어서다. 프랑스의 대중적인 인기 작가 다니엘 페나크가 펴낸 『소설처럼』에는 책읽기에 관한 독특한 권리 열 가지가 나와 있다. 책을 독자들이 선택해서 읽는 만큼 충분히 권리를 누리라는 말이다. 이를 소개하면 다음과 같다.

독서에 관한 한 우리 독자들은 스스로 모든 권리를 허용한다. 우리가 이른바 독서 지도를 한다면 청소년들에게는 일체 허용하지 않았던 권리들에 대해서 말이다.

책을 읽지 않을 권리
책을 건너뛰며 읽을 권리
끝까지 읽지 않을 권리
다시 읽을 권리
아무 책이나 읽을 권리
보봐리즘을 누릴 권리
아무 데서나 읽을 권리

군데군데 읽을 권리

소리내서 읽을 권리

읽고 나서 아무 말도 하지 않을 권리

여기서 보봐리즘은 오로지 감각만의 절대적이고 즉각적인 충족감이다. 즉 상상이 극에 달해 온 신경이 떨려오고 심장이 달아오르며 아드레날린이 마구 분출되는 가운데 주인공의 세계에 완전 동화되어 어처구니없게도 대뇌마저도 일상과 소설의 세계를 혼동하기에 이르는 과정을 말한다. 마치 마약에 중독되듯 소설이나 판타지 등의 감각적인 쾌락에 흠뻑 젖어드는 걸 말하는데 작가는 그런 권리까지도 충분히 누릴 수 있는 독자들의 권리를 제안한다.

공부란 책과 함께 간다. 그러나 책을 넘어서기도 해야 한다. 책을 두루두루 읽어 나쁠 리 없지만 공부를 잘하기 위해 반드시 책을 읽어야만 하는 것은 아니다. 마린 보이 박태환에게는 수영장의 물이 스승이고 친구이며 책이고, 피겨 여왕 김연아에게는 양질의 얼음판이 마당이고 놀이터이며 책이다. 책을, 그것도 고전을 읽으라고 권유할 수 있지만 강요할 필요는 없다.

공부의 왕 팬더 포는 한 권의 책도 읽지 않으면서 공부를 했다. 그가 한 공부는 앞에서 본 것처럼 꿈꾸기, 집 나가기, 벽을 뚫기, 대화와 경청 하기, 몸으로 수련하기, 사부와 치열하게 맞서기, 자

신의 불안과 공포를 버리기, 대상과 자신으로부터 자유로워지기
……, 이런 것들이다.

호모 쿵푸스는 기본적으로 호모 모미엔스Homo momiens(온몸으로
공부하는 인간)이기에 온몸을 던져 닦아나가는 일상의 자기 변화 운
동이 모두 공부다.

하지만 우리의 팬더 포, 그의 공부에는 암기도 토론도 없다. 공
부는 방법이 아니라 태도이기 때문이다. 나꼼수의 총수 김어준이
자주 이야기하듯 '쫄지 않으려는 태도' 그게 나꼼수가 주장하는
공부의 핵심이듯, 나는 어떤 태도로 어떻게 살겠다는 결의와 다짐
과 실행이야말로 참된 공부다. 습관을 바꾸는 수행과 실천의 한
과정으로 암기와 토론은 의미가 크다. 하지만 삶의 본질에서 어긋
난 대상에 대한 무의미한 암기와 허구적인 토론은 허영에 불과하
다. 물론 독서도 마찬가지다.

두려움을 넘어서

백척간두진일보百尺竿頭進一步(백 척이나 되는 긴 장대 끝이나 벼랑 끝에
올라서서 다시 한 걸음 더 나아감). 어떤 목표나 경지에 도달했어도 거
기서 멈추지 않고 더욱 노력한다는 뜻이다. 이제 팬더 포가 넘어
야 할 마지막 벽이다.

영화 〈인디아나 존스〉 시리즈 3부, '최후의 성전' 편에 나오는 인상적인 장면이 떠오른다. 절벽에서 길을 잃은 주인공이 믿음으로 허공에 발을 내딛자 거짓말처럼 보이지 않던 다리가 주인공을 받쳐 주는 장면 말이다.

물 위를 걸으라고 충동질을 받던 예수의 믿음도 같은 길을 보여주었다. 진심으로 믿는다면 능히 못할 일이 없다.

팬더 포는 어떨까? 두려움을 이기고 자신을 비워 한 걸음 허공을 향해 발을 내딛을 수 있을까?

포가 시푸와 함께 몸으로 수련을 하는 동안 분노의 5인방 다섯 고수들이 타이렁의 공격을 받아 심한 상처를 입고 혈도가 마비된 채 돌아오자, 시푸는 분노하고 팬더는 두려움에 떤다. 어떻게 타이렁에 맞서 싸울 수 있을까?

더 이상 먹는다는 것에 대한 욕망에 사로잡히지 않을 정도로 공부의 한 경지를 넘어섰으나 여전히 타이렁이 두렵다. 팬더를 가로막는 두 가지 벽 중 외부의 벽, 게으른 몸과 습관, 타인의 차가운 시선과 자신에 대한 불신 등은 스승의 가르침을 통해 깨뜨렸으나, 여전히 자기 내면에 자리 잡은 끝모를 두려움은 아직 아니다. 그건 누가 말로 가르쳐서 되는 부분이 아니기 때문이다. 결국 자기가 자기를 이기는 마지막 승부처는 어디선가 그 깨달음을 자기가 가져올 만큼 절실한가, 용기가 있는가, 지혜로운가가 결정한다. 이 모든 과정은 자신에 대한 지극한 공양供養인 공부를 통해서

만 가능하다. 진정한 공부가 바로 자신에 대한 사랑인 까닭도 여기 있다.

일찍이 프랭클린 루즈벨트는 "우리가 두려워해야 할 단 한 가지는 바로 두려움 그 자체"라고 말했다. 두려움이란 무엇인가? 과연 그 두려움의 실체는 무엇인가? 인간은 왜 두려움을 느끼는가? 어렵다. 너무 어렵다.

큰사부 우그웨이는 과거와 미래에 대한 불안과 공포를 일깨우고 떠났다. 인간은 시간을 두려워한다. 과거라는 추억과 상처. 미래라는 환상과 불안. 그리고 현재의 비루한 자신. 그 어느 시간도 내 편이 되어 주지 않을 때 인간은 삶이 두렵다. 자유로부터도 자기로부터도 자꾸 도피하고 싶은 까닭은 여기서 비롯된다. 그리고 그 시간의 가장 깊은 곳에 자신이, 자아가 있다.

사실 시간이란 내 자신, 나의 마음의 그림자에 불과하다. 내 마음이 사라진 자리에 시간이란 존재하지 않는다. 그러므로 구태여 시간의 노예가 되길 자처하는 까닭도 결국 자아라는 보이지 않는 새장, 그물에 걸려 날개가 자유롭지 못한 자아의 움직임 때문이다.

말하면 있는데, 말을 그치는 순간, 말과 함께 사라지는 고약한 마음. 그 마음을 만나는 비법이 용의 문서에 있다. 우그웨이가 예비해 둔 용의 문서, 거기에 세상 어디에도 없는 고유의 비법, 쿵푸의 왕도가 있다. 세상에 왕도는 어디에도 없다는 역설의 왕도.

용의 문서를 열어 보니

"정말 내가 준비되었을까요?"

"그러엄, 포!"

드디어 나에게로 와서 꽃이 되었나. 처음으로 제자의 이름을 다정히 불러 주는 스승. 자신의 이름을 찾은 제자는 다시 감격한다. 사부는 기운을 모아 꽃잎을 위로 날려 드디어 전설이 담긴 용의 문서를 가져온다. 지팡이와 빈 바랑이라도 넘겨주려는 스승의 애틋한 마음이 보인다.

제자에게 용의 문서를 권하는 사부. 전설에 따르면 이 문서의 내용을 터득하면 '나비의 날갯짓도 듣고 가장 어두운 동굴에서도 밝게 보며 그 주위를 둘러싼 우주를 느끼게 된다.' 드디어 "주먹으로 벽도 뚫고 공중 4회전도 하냐"며 너스레를 떨던 포가 문서를 받아든다.

하지만 아직 운명의 때가 되지 않았음인가. 포는 스스로의 힘으로 용의 문서를 열지 못한다. 사부의 도움을 받아 겨우 전설의 문서를 연다. 천천히 열어서 신중하게 읽으려는 포, 호기심 넘치는 눈빛과 마음으로 용의 전설이 담긴 문서를 펼쳐 본다. 순간 문서에서 한 줄기 빛이 나오고 포는 비명을 지른다. 과연 어떤 내용이 나올지 기대를 잔뜩 하고 있다가 포의 비명에 놀라는 사부와 다섯 용사들. 포의 외침은 바로 부처님과 조사들의 화두 그것이다.

"비었어요(空)!"

아! 비었구나. 없음이구나. 아무것도 아니로구나. 그렇게 위대하

고 신비로운 전설의 용 문서에 아무것도 없다니! 실망이로다!

"그게 정말이냐?"

깜짝 놀라 반문하는 시푸. 금지된 문서라 자기는 볼 수 없지만 워낙 급박한 터라 용의 문서를 빼앗아 내용을 살펴본다. 빈 문서가 그의 눈이라고 무언가 보일 턱이 없다. 포의 실망이 이만저만이 아니다. 더불어 문서에만 의지하다 더 이상 길이 없다고 생각한 시푸.

용의 문서를 갖고 물 앞에서 자신을 비춰 보던 사부가 말한다. 이제 결투의 시간이 다가온 걸 느꼈나 보다.

"계곡을 완전히 비워라. 사람을 보호해야 해. 내가 맞서 싸우고 내가 충분히 시간을 끌 수 있어. 이제 나 없이 갈 길을 계속 가야 한다.

너희의 사부였던 것이 자랑스럽다."

이렇게 말하더니 옥쇄를 각오한다. 자기가 뿌린 씨앗 자기가 거두는 게 운명임을 감지라도 한 것일까. 그렇다. 사부의 운명은 거기까지다. 자신이 부른 운명에 화답하는 것이 진정한 스승의 역할이라는 것을 시푸도 이미 알고 있다.

자기를 비우고 친구를 선택하라!

더 이상 용의 전사로서 타이렁에 맞설 자신이 없는 포, 터덜터덜 처진 어깨를 한 채 집으로 돌아와 근심 가득한 얼굴로 아버지를 만난다. 이미 피난길에 오르기 위해 국수 짐을 쌓아 둔 아버지. 새로운 미래를 개척하자면서 수레를 끌고 피난길을 나서는데 포의 발길이 떨어지질 않는다.

"새 국수에는 사각으로 자른 야채를 곁들이자. 채썰기는 한물 갔어."

아버지의 발걸음은 가볍지만 포는 도무지 움직이지 못한다. 아버지는 위로한다. 아픈 청춘을 받아들이라는 위로와 비슷한 내용이다.

비밀 재료는 없다

아빠 : 운명을 받아들여. 우리는 국수 가문이다. 혈관에는 육수가
　　　흐르고 있어.

포 : 솔직히 가끔은 아빠 아들이 맞는지도 의심스러워요.

아빠 : 포, 진작 말했어야 하는데 이제 말해야겠구나. 오래 전에
　　　말이야.

포 : 좋아요.

아빠 : 비밀 재료는, 내 국수의 비밀 재료는……. 이리 가까이 와,
　　　비밀 재료는 말이야, 비밀 재료는……, 없어!

포 : 하?

아빠 : 들었니? 없어. 비밀 재료는 없다고."

포 : 잠깐, 잠깐. 그냥 보통 국수예요? 뭐 특별한 소스나 재료를 넣
　　　은 게 아니고요?

아빠 : 그럴 필요 없지. 특별하게 만들려면 특별하다고 생각하면
　　　되는 거야.

　　아버지의 말에 눈이 휘둥그레진 포. 그의 눈빛이 반짝 빛나기
시작한다. 그러고는 사부님이 건네주신 용의 문서를 다시 펼쳐 본
다. 아무것도 없는 전설의 문서, 과연 무엇이 보이겠는가? 아, 용
의 문서를 펼쳐 보고서는 그제야 큰사부의 말씀에 담긴 깨달음을

얻는다. 용의 문서에는 아무것도 없고 포의 얼굴만이 보일 뿐이다. 이제는 그가 외친다.

"그래, 비밀 재료 같은 것은 없어!"

조용히 몸을 돌려 사부님이 계신 제이드 성을 바라본다. 번개가 번쩍이고 천둥이 치는 저 높은 산 위를.

그 순간 그곳은 온몸으로 수련을 하면서도 여전히 진리가 내 몸과 삶 밖에 있다고 착각했던 포가 비로소 새로운 깨달음을 얻는 자리이다. 아, 요리의 비밀 재료는, 쿵푸의 비법은, 세상의 진리라는 건 따로 존재하지 않는구나. 내 마음, 내 얼굴이 비치는 그 거울의 세계, 그게 바로 진리로구나 하는 깨달음이다. 일체유심조一切唯心造. 모두가 내 마음의 그림자였구나.

문득 해골 물을 마시고 깨달음을 얻은 원효대사가 떠오른다. 부처님의 진리를 찾아 중국 유학을 가다가 캄캄한 밤중, 해골바가지의 물을 달게 마시고 잔 다음날 아침 그 물을 통해 깨달음을 얻은 원효. 모든 건 마음에 달렸구나. 부처님의 진리는 중국의 경전과 전통이 아니라 내 마음이구나 하는 깨달음을 팬더 포도 얻었다(이 순간 포는 원효대사다. 그리고 보면 용 문서는 바로 원효의 해골 물!). '비밀 재료는 없다'는 아버지의 말과 '아무 것도 씌어 있지 않은 무無의 경전' 용의 문서를 통해서.

그런 경지에 이르렀을 때 진정한 공부工夫는 비움의 공부空夫다.

앞서 말한 '우정 파괴' 광고를 패러디하여 '사교육 걱정 없는 세상'에서 만든 광고 문구는 희망 넘치는 공부, 성적과 학벌에 대한 마음을 비우고 진심 어린 관계의 창조를 노래하는 우정을 아름답게 보여준다. 자기를 비우고 친구를 선택하는 비움의 공부空夫, 이런 멋진 광고야말로 진정한 공부工夫이자 공부空夫의 경지를 보여주는 이정표가 아닐까.

일체유심조一切唯心造
나와 세상(一切)의 공통된 근본(唯)은 마음(心)이니 모든 것은 오직 마음으로써 지어지는 것(造)이라는 뜻. 원효대사의 화엄경에 나오는 근본 사상이다.

새 학기가 시작되었으니
넌 성적이라는 어쩔 수 없는 명분으로
학원가를 헤매는
시간이 많아질 거야

그럴 때마다 너의 우정은
하루하루 서랍 속에서 흐려지겠지

근데 어쩌지?
우정 없이 최고가 된다 한들
성적이 너의 우정을 대신해 주지는 않아
벌써부터 흔들리지 마
어른들이 너의 우정을 만들어 주지 않아

그렇다. 성적의 욕망을 버릴 때, 공부의 꽃이 핀다. 자기를 비우고 우정과 믿음을 찾아가는 현장에서 배움이 싹트고 진리의 길을 걸어갈 수 있다. 그러므로 자신을 겸손히 내려놓고 비우는 공부空夫야말로 참된 공부工夫다.

12
너 자신을 몰라라

아름다움은 앎다움에서 온 말입니다. 그 반대말로 모름다움이 있지요. 공부
란 자신의 모름다움을 성찰하여 진정한 앎의 세계, 아름다움의 세계로 나아
가는 과정입니다.

- 신영복

자기를 본다는 것

조선 후기 풍속화가 혜원 신윤복의 작품 중에 두 남녀가 몰래 만나는 장면을 그린 〈월하정인月下情人〉이라는 그림이 있다. 깊은 밤 초생달 아래 담장 옆에 선 두 남녀는 둘만의 이야기를 은밀하게 속삭이고 있는 듯하다.

달은 기울어 삼경, 밤이슬 내리는 골목에서 만난 그림 속의 주인공들. 과연 이 두 사람은 사랑을 알까, 사랑하는 연인의 마음을 알까? 혹은 사랑을 주체하지 못하는 자기 자신의 마음을 알까? 그림 속에 적힌 글에서는 두 사람 마음을 두 사람만 알리라고 했지만, 철학자 김영민은 단호히 말한다. 두 사람의 마음은 두 사람도 모를 거라고.

혜원 신윤복의 〈월하정인〉의 화제畵題는, "달은 기울어 밤이 삼경인데, 두 사람의 마음은 오직 두 사람만이 안다"고 하였다. 그러나 삼경이든, 오경이든, 두 사람의 마음을 두 사람조차 모른다는 사실 속에 사랑의 진실이 맥동脈動하는 법. 그 마음은 어느 먼 미래의 것이었고, 매번 여기가 아니라 저기에 속하였다.

- 『사랑 그 환상의 물매』, 김영민

지금 여기가 아니라 어느 먼 미래의 저기. 그것이 현실을 살면서도 현실을 모르는 우리 평범한 사람들의 안타까운 속내인지도 모른다. 왜 우리는 도대체 알아야 하며, 정말 앎이라는 것이 가능할까? 그리고 안다는 것은 바람직하고 또 필요한 것일까. 너무도 당연한 듯한 이 문제를 던지는 이유는 무엇인가? 하나는 앎의 가능성에 대한 회의 때문이고, 또 하나는 앎의 유용성 때문이다.

이런 질문을 던지는 이유는 무엇인가? 앎은 불완전한 것이고 그리 많이 필요한 것도 아닌데, 앎에 대해서 마치 가능하고 완벽한 것처럼 지나치게 앎을 강조하기 때문이다. 또 하나는 아는 자들이 그리 행복하거나 자유롭지 못한데, 역시 앎을 지나치게 강요하고 경쟁적으로 추구하기 때문이다. 이렇게 생각해 보면 앎이라는 게 진정 무엇인지, 꼭 필요한지, 그리고 우리가 아는 것들이 진짜인지도 매우 의심스럽다. 다시 의심하는 자세로 돌아가 보는 것이 길이다.

앎에 대한 비판적 성찰을 잘 보여주는 글로 연암 박지원의 『허생전』이 있다. 『허생전』을 활용해 현대적인 의미로 허생전을 비판적으로 성찰하며 오늘날 우리 교육 현실과의 새로운 접목을 시도한 최시한의 『허생전을 배우는 시간』에는 같은 맥락에서의 문제제기가 나온다.

다음 국어시간에 배울 『허생전』을 읽었다. 숙제라서 억지로 읽었는데 점점 재미가 나 두 번이나 읽었다. 허생이 마음에 든다.

그는 대단한 실력을 가졌다. 등장인물들 가운데서 우뚝할 뿐더러 나라까지 좌우할 만한 비범한 사람이다. 그런데 그는 왜 자기가 꾸민 천당 같은 섬에서 글 아는 자들을 모두 데리고 나올까? 그는 '화근'을 없애기 위해서라고 말했다. 글 아는 자가 화근이 된다니 무슨 소린지 알 수 없다. 자기도 글 아는 선비이면서.

돈을 벌고, 도둑들을 천당 같은 섬에서 살게 해주고, 이완 대장을 꾸짖고 한 그 모든 일들도 자기가 글을 읽었기에 할 수 있었던 게 아닌가.

잠까지도 억지로 자는 기분은 아니다. 허생전을 읽은 덕분이다.

－『허생전을 배우는 시간』, 최시한

현실에 대한 비판적 사고와 끝없는 문제 제기를 통해 학생들로부터 '왜냐 선생님'이라는 별명을 얻은 국어 선생님이 허생전 읽기 숙제를 내주셨다. 일기체 소설의 일부인 위 글은, '왜냐 선생님'에게 허생전을 배우는 소설 속 화자인 선재라는 학생이 연암 박지원의 『허생전』의 주인공 허생을 두고 고민하는 부분이다.

허생은 7년 동안 글만 읽다가 아내의 비판에 할 말을 잃고 거리에 나가 매점매석으로 조선 경제 구조의 취약함을 알린 뒤 군도들을 데리고 섬으로 들어가서 농사와 무역으로 많은 돈을 벌었다. 섬이 작아 뜻을 펴기 어렵다고 생각한 허생은 섬에다 군도들을 남겨두고 나오는데, 글 아는 자들만을 데리고 나왔다. 굳이 그들을 데리고 나온 이유는 글 아는 자들이 '화근'이라 생각했기 때문이다. 글 아는 자들, 그 당시로 말하자면 지식인이나 양반 사대부에 속하는 인물들일 텐데, 그들을 왜 화근이라 했을까? 글 아는 자들은 과연 시대의 화근들일까?

어떤 사람들이 글을 아는 자들일까? 안다는 건 도대체 무엇일까? 왜 사람들은 이리도 앎에 집착을 할까.

아는 것은 힘일까?

일찍이 철학자 니체는 '신리는 이제 아름다운 처녀가 아니라 이빨이 다 빠져버린 노파가 되었다'는 흥미로운 메타포를 사용한 바 있다. 그런가 하면 포이어바흐는 "우리 시대의 진리는 부도덕 그 자체"라고 일갈한다.

– 〈우리의 진리는 왜 우리를 아프게 하는가〉, 김영민

근대 사회가 앎을 추구해 온 바탕에는 힘의 의지가 작동한다. 베이컨이 남긴 명언에 '아는 것이 힘'이라는 것이 있다. 이 말은 '시간이 돈이다'와 함께, 근대 이후 많은 사람들을 사로잡은 매우 강력한 관념이고 실질이다. 물론 한편 타당하지만 한편으로는 모순을 담은 말이기도 하다.

많이 알아야 출세하고 성공한다는 생각 아래 학교 교육이나 학교 밖 교육 할 것 없이 앎을 추구했다. 무지와 문맹은 사회의 공적 취급을 받았고, 사람들은 앎을 기준으로 삶을 재배치하기 시작했다. 농경 사회 또는 원주민 사회에서는 지식으로서의 앎이 권력화되지 않았고 나이 많은 노인의 지혜가 훨씬 고귀한 대접을 받았다. 오늘날 영감靈感, 즉 영적 감응력이 뛰어난 영감令監들은 노인네 취급 받을 뿐만 아니라 다 찬밥이다.

허생이 살던 시대, 조선시대 지식인을 대표하는 양반 사대부가 조선을 이끌어온 힘이라는 걸 부정하긴 어렵다. 하지만 앞서 밀고 나간 세력은 맞지만 그들만이 역사의 주인공은 아니다. 오늘날 국회의원이나 장차관 자리에 앉아서 권력을 행사하는 자들도 다 지식인 출신이다. 그들 또한 역사의 주인이기보다는 권력의 대리인 정도다. 하지만 정치권력이 진정한 힘일까?

인본주의자, 이성주의자들은 인간이 영장류로서 다른 동물들, 다른 종보다 우월하다고 말한다. 이성과 지식을 지녔기에 세상을 다스리고 역사를 발전시켜 왔다고 말한다. 지배와 발전의 이데올로기에 사로잡혀 우리는 인간이 지구상에서 어떠한 존재로 살아가야 하는지에 대한 성찰을 잃었다.

권력과 결탁한 지식은 어떻게 작동하는가. 아는 자들은 말한다. 진리는 존재한다. 진리를 배워라. 진리를 믿어라. 앎은 힘이라며, 진리가 너희를 자유케 한다며, 앎을 권력의 알리바이로 이용했다.

그런데 과연 진리라는 게 있을까? 있다면 우리는 무엇을 진리라 말할 수 있을까!

우리 집 거실에는 내가 다닌 대학 개교 100주년을 기념해서 제작된 표구가 있다.

진리가 너희를 자유케 하리라(요한복음 8:32).

서예가 김충현의 글을 복사해 준 것을 걸어놓았다. 나는 진리도, 자유도 믿는 사람이 아니다. 성경과 기독교는 더 더욱 믿지 않는다. 교회에 한 번도 나가 보신 적 없는 아버지는 '나는 자신만 믿는다'며 일체의 종교를 거부하셨다. 당신이 믿었던 그 자신의 실체가, 담긴 의미가 무엇인지 아직도 모른다. 그는 소리 없이 돌아가셨다. 그럼 나는 왜 진리가 너희를 자유케 한다는 그 말을 생

장 프랑수아 리오타르 Jean-François
Lyotard(1924~1988)
'포스트 모던'이라는 개념을 주창하기
시작한 20세기 포스트모더니즘의 대표
적인 이론가이며 철학자. 헤겔 철학과
마르크스주의에 바탕을 두고 현상학,
윤리학 저서를 펴냈으며, 칸트와 아도
르노 미학을 연구했다. 알제리 해방운
동을 지지했으며 사회주의 경향의 잡지
에 글을 썼다.

각하는가. 의심하기 위해서다. 도전하기 위해서다. 아직 의심의 벽을 넘지 못한 까닭에 여전히 걸어놓고 질문을 던진다. 진리는 정말 인간을 자유케 하는가? 진리란 무엇인가?

포스트모더니즘이 우리 사회를 휩쓸던 세기말, 세기초. 장 프랑수아 리오타르의 매력적인 말은 새로운 도전이자 희망이었다.

더 이상 진리를 만들지 말라. 진리가 너희를 괴롭게 하리라.
– 장 프랑수아 리오타르, 포스트모던의 조건

1980년대 계몽의 시대를 관통하면서 절대 진리에 대한 회의에 사로잡힌 나에게 이 말은 무척이나 매력적이었다. 수사적이든, 실제적이든.

왜 리오타르는 진리를 부정했을까? 그것은 진리 자체에 대한 부정이기보다 진리를 빙자해서 절대적인 권력을 행사하던 종교, 과학, 정치, 언론 등에 대한 비판이 아니었을까. 그러니까 진리가 너희를 자유케 한다는 말이 거짓이 아니라 그 말에 대한 합리적 의심을 통해서 진리의 새로운 일면을 찾아보자는 동행의 문제 제기일 것이다.

앎 역시 어려운 문제다.

칸트의 인식론 이래 사람들은 앎의 문제를 이성, 오성, 감성 등의 정신의 영역 안에서 다루어 왔다. 물론 공자처럼 아는 걸 안다하고 모르는 걸 모른다 하는 것이 앎이라는 식으로 앎의 본질을 회피하고 앎의 다른 차원을 말한 사람도 있기는 하다.

인간이 언어의 정의에 대해서 내리는 한계성을 생각하면 그 반대의 개념을 생각해 보는 것이 그 말을 이해하는 데 도움이 된다.

그럼 모른다는 것은 무엇일까? 많은 사람들이 무지로 인해, 또는 모른다고 너무 많은 고통과 멸시를 받아왔다. 그럼 좀 모르고살면 안 되는 것일까? 도대체 모른다는 것이 무엇이기에 인간은그리 무지를, 모름을 비난해 왔는가! '이런 무식한 놈들', 이렇게욕을 먹어 마땅할 만큼 무지는 비도덕적인 것일까?

철학을 공부했거나 이런 문제에 답할 만큼 깊이를 갖추지도 못했으니 여기서는 이런 정도의 문제 제기로 그치고, 앞으로 더 깊은독서와 공부를 기약하기로 하자. 우리의 관심은 앎과 무지의 경계에서 고민해 온 타이렁, 그의 고통과 미래를 탐구하는 데 있다.

자존심 때문이었어?

자, 모두가 떠난 자리. 시푸가 남아 있다. 혼자. 이미 운명이라는걸 예감했기에 타이렁의 귀환이 두렵지 않다. 운명의 시간은 다가오고, 생사를 건 싸움이 시작된다. 우그웨이가 자신을 제압하여 감옥에 가두고 방치한 데 대한 타이렁의 분노. 결정권이 없었기에 막을 수 없었다는 시푸의 변명. 하지만 그런 변명이 타이렁의 흥분과 폭주를 막을 수는 없다. 타이렁의 일방적인 공격에 시푸의 목숨조차 위태로운 상황. 분노의 원인은 단 하나 자존심이었다.

타이렁 : 내가 했던 건 전부 자랑스럽게 보이려 했던 거야. 나를 얼마나 자랑스러워했는가. 시푸. 이야기해 봐! 이야기해 봐!

시푸 : 너를 항상 자랑스러워했다. 처음 본 순간부터 나는……, 네가 자랑스러웠어. 그래서 만족감이 내 눈을 멀게 했어. 너를 너무 사랑했기에 네가 어찌될지 알지 못했던 거다. 내가, 너를 어떻게 만들지를. 미안, 미안하다.

잠시 타이렁의 마음이 흔들리는 듯했으나 이내 감정을 수습하고 사과를 원한 게 아니라면서 시푸의 목을 조른다.

결국 자존심을 둘러싼 문제는 이익의 문제로 넘어간다. 결코 문서를 볼 수 없을 거라는 시푸의 말에 시푸를 죽이려 하는 타이렁. 다시 절체절명의 순간에 타이렁을 부르는 소리가 들려온다. "헤이~"하고 불러놓고는, 긴 계단을 단숨에 올라오느라 숨을 헐떡거리는 포. 이제 타이렁과 포의 양보할 수 없는 자존심을 건 한판 승부가 벌어진다. 아니, 둘만의 자존심의 문제라 하기에는 그 결과가 불러올 파장이 너무 크다. 이 계곡과 모든 동물들이 평화롭게 살 것인가 아니면 타이렁 밑에서 지옥 같은 세월을 보낼 것인가 하는 문제가 걸려 있다.

웃는 자가 이긴다!

둘의 싸움 스타일은 어떠할까?

심각한 타이렁과 유쾌한 포. 타이렁이 힘을 과시하면 포는 머리로 맞선다. 타이렁이 자기 몸만 쓴다면 포는 국수, 대나무, 기왓장 등 주변의 기물들을 활용한다. 하지만 분노와 힘, 스피드를 모아 분출시키는 타이렁을 포가 상대하기 힘들었을까? 아니면 용 문서의 진리를 그에게 나누어 주고 싶어서일까. 용 문서는 타이렁의 손으로 넘어간다. 포에게서 힘들게 전설의 문서를 빼앗은 타이렁.

타이렁 : 마침내 용 문서의 힘은 내 손에 들어왔다!

문서를 펼쳐 보는 타이렁. 하지만 모두 알다시피 그건 빈 문서다. 거기에는 그저 타이렁의 얼굴만 거울처럼 보여줄 뿐이다. 게다가 마구 구겨진 상태로, 꾸깃꾸깃.

타이렁 : 아무것도 없잖아!

그렇다, 진리는 바로 그것, 아무것도 없음에 대한 깨달음이다. 억지로 남과 싸워 이기려 하거나 빼앗으려 해도 결국 남는 것은 아무 것도 없음(無)이라는 깨달음. 나도 너도 이 우주도 무상하게 변화하는 시간의 흐름 속에서 고정된 실체는, 최고의 삶의 비법은 따로 없으니 그 무상함, 비움(空)을 깨우치라는 준엄한 요구, 그런 의미에서 공부의 참된 경지는 공부空夫이기도 하다. 다시 『꽃들에게 희망을』에서 애벌레 기둥의 꼭대기까지 겨우겨우 올라간 욕망의 애벌레들이 했던 말을 떠올려 보자.

"꼭대기에 올라가니 무엇이 있니?"

"아무것도 없잖아!"

저 아래서 볼 때 훌륭해 보일 뿐, 달리 무엇이 있단 말인가.

끄응. 그제야 힘들게 일어나는 포.

포 : 괜찮아. 나도 처음엔 몰랐거든.

마치 자상한 선배처럼 용 문서에 비친 자기 얼굴을 보며 타이렁
에게 일러 준다.

포 : 비밀 재료는 없거든. 그냥 너야.

진리 중에 진리다! '너는 그냥 너'야. 마치 성경에 나오는 하느
님이 모세의 질문에 대해서 '나는 스스로 있는 자야, 나는 그냥 나
야'라고 한 것처럼 '너는 그냥 있는 그대로의 너'라는 말. 그러니까
거울을 보고 너 자신이 누구인지 스스로 생각해 봐!

타이렁은 이 말이 뜻하는 바를 알지 못한다. 용 문서의 비밀은
'진리란 없다. 너 자신을 알아라'라는 자기 성찰의 명령 그 자체라
는 사실을. 불교뿐만 아니라 옛 성인들이 입을 모아 이야기한 것
은 그것이다. 전설처럼 전해진 비밀 재료, 구원에 이르는 정답은
없다. 네 스스로의 길과 삶 속에서 찾아라. 그건 네가 네 자신이
누구인지를 알 때, 혹은 끝내 알 수 없음을 인정할 때 열리는 길이
라고 말한다.

거울을 보는 사람들

　나는 수업 시간에 책 대신 거울을 보는 학생들에게 종종 말한다. "거울을 너무 열심히 보지 말라고, 거울을 자주 들여다보면 죽는다"고. 그러면 눈이 휘둥그레지면서 뜬금없이 무슨 귀신 씨나락 까먹는 소리냐는 아이들 표정. 나는 그런 아이들이 예쁘다. 동그란 눈동자에서 삶의 기운이 느껴지니까.

　거울에 대한 심오한 통찰을 보여준 이는 이상이었다. 그는 그의 난해한 시 「거울」을 통해 거울 속의 나와 거울을 바라보는 나 사이의 넘을 수 없는 심연을 노래했다.

　　거울속에는소리가없소.
　　저렇게까지조용한세상은참없을것이오.

　　거울속에도내게귀가있소.
　　내말을못알아듣는딱한귀가두개나있소.

　　거울속의나는왼손잡이오.
　　내악수를받을줄모르는악수를모르는왼손잡이오.

　　거울때문에나는거울속의나를만져보지를못하는구료마는

거울아니었던들내가어찌거울속의나를만나보기만이라도했겠소.

나는지금거울을안가졌소마는거울속에는늘거울속의내가있소
잘은모르지만외로된사업에골몰할께요.

거울속의나는참나와의반대요마는또꽤닮았소.
나는거울속의나를근심하고진찰할수없으니퍽섭섭하오.
- 「거울」, 이상

이런 불친절한 시를 통해 우리는 자신을 진찰한다. 이 시는 요즘 말로 하면 '매트릭스'다. 어느 쪽이 진리인지, 누가 괴물 – 숙주host인지 쉽게 말할 수 없는 초자아의 세계. 인간은 살아 있는 한 거울을 본다. 세계는 나의 거울이다. 자기의 삶을 끝없이 세계를 통해서 비추어 보지 않으면 살아갈 수 없는 존재, 그것이 인간이다.

거울을 즐겨 보는 것은 인간만의 고유한 행동이 아니었다. 목마른 사슴도, 신화 속의 여신도 거울 앞에서는 어쩔 수 없이 낯선 자기, 새로운 자기와 대면해야만 했다.

벨라스케스의 〈거울을 보는 비너스〉 역시 거울 앞에서 자신의 매력에 흠뻑 빠진 한 존재의 무와 시간을 이야기한다. 거울 속에 있는 저 사람은 누구인가? 거울을 바라보는 나는 누구인가?

비너스 옆에서 거울을 들고 시중하는 이는 사랑의 신 에로스다. 에로스가 사랑이라면 아프로디테는 거울이다. 하나는 사랑을 향해 쏘아가는 이고 다른 하나는 사랑 앞에서 멈칫거리며 자신을 돌아보는 이다.(어디 먼지 묻은 곳 없나? 세상에 누가 나보다 예쁘지?) 실제로 사랑하는 이보다 예쁜 존재가 어디 있는가? 그러니 아름다워지고 싶은 인간의 본능을 상징하는 비너스의 거울은 그 자체로 절대적인 미의 추구이고 불가능한 미의 탄식이다.

서정주의 「국화 옆에서」처럼 이제는 거울 앞에서 내 누님 같은 꽃을 회상하는 회고의 미가 아니다. 하염없이 나르키소스처럼 망연자실 자신의 아름다움에 빠져 거울 곁을 떠나지 못하는 자아 도취의 거울이다. 아, 그런데 어쩌나 우리는 비너스가 아닌 것을. 우리는 김태희나 송혜교가 아니라는 말이다.

그런 점에서 우리가 바라보는 모든 세계는 미몽과 환상, 이상이 걱정해마지 않았던 거울 속의 세계인지도 모른다. 미로와 환상의 매트릭스 안에서 나만의 깨어 있는 진실을 찾으려 했던 네오처럼 그 안에서 겨우 거울 밖을 상상하지만 서로가 서로에게 거울인 이 매트릭스의 세상을 떠돌다 가는지도 모른다.

그런 점에서 공부는 환상의 거울을 깨는 일이다. 또 네오가 매트릭스를 깨고 자기 본연의 삶을 찾듯이, 우리들도 자기만의 매트릭스, 환상의 거울을 깨고 거울 밖의 온전한 자신으로 돌아오는 일이다. 인간이 존재하는 한 매트릭스는 영원하다. 이 매트릭스는 내가 눈 감으면 나와 함께 사라지지만 내가 눈을 뜨면 다시 나와 함께 거울의 세계로 탄생한다.

매트릭스matrix
숫자, 기호가 나열된 행렬을 뜻하는 수학 용어 또는 어떤 사물이나 현상의 모체, 기반. 이를 제목으로 1999년 제작된 미국 영화가 있다. 미래세계를 배경으로 인공지능 컴퓨터와 이에 대항하는 인간들 사이의 대결이 벌어진다. '매트릭스'는 영화 속의 배경이 되는 '가상공간'을 가리킨다.

그러므로 공부란 매트릭스, 거울의 세계를 바라보는 자기 자신을 아는 것이다. 아니, 자신을 아는 것이 결국 불가능함을 아는 것이다. 나아가 자신을 끝내 알 수 없음을 고백하고 그 한계를 인정하며 그럼에도 더 나은, 더 성숙한 자신을 위한 치열한 탐구의 길을 걷는 것이다.

이것이 이소룡이 쿵푸의 핵심은 자아를 살펴 깨닫는 데 있다고 하면서도 자신의 쿵푸인 절권도를 일러 '영원히 완성되지 않는 공부'라고 하는 이유이다.

거울과 앎

'일찍이 너 자신을 알라!'고 외친 것은 소크라테스Socrates(기원전 469?~기원전399)였다. 그는 분명히 자기 자신을 안 사람이었다. 흔히들 '너 자신을 알라' 라는 말을 소크라테스가 했다고 알고 있는데, 이 말은 당시 고대 그리스의 여러 신들을 모시는 신전 중 하나인, 태양신 아폴로를 모시는 '델포이 신전'의 입구에 씌어 있었다고 전해진다. 무언의 신탁이 전해 주는 이 말도 결국 어느 똑똑한 인간이 한 말을 현명한 소크라테스가 세상 속에 내놓은 것일 게다.

델포이 신전에서는 중요한 일이 있을 때마다 신관이 신탁을 받아서 그 답을 알려줬다는데, 누군가가 '아테네에서 가장 현명한 사람은 누구인가?'라는 질문을 했다.

그 답은 '소크라테스'. 하지만 소크라테스는 자기 자신을 알았기에 과감히 죽음의 길을 선택하고 결연히 그 길을 걸어갔다. 마치 진리를 본 자가 눈이 멀 듯이.

흑인 인권 운동가 마틴 루터 킹Martin Luther King, Jr. (1929-1968)은 "나는 자신을 발견했을 때 졸도할 뻔했다"고 말했다. 소크라테스에 비하면 졸도 정도야 양반인데, 결국 그 역시 자기 자신을 알았기에 스스로 죽음의 길을 걸어갔다.

이러한 일들은 무엇을 의미할까? 아마도 자신이 전혀 알지 못했던 새롭고 놀라운 자기 자신의 모습을 발견했기 때문이 아닐까. 사람은 누구나 태어나서 한평생을 '자기 자신'으로 살아가지만, 내가 나를 망각하고 살아가는 시간이 대부분이다. 그러다가 자신의 참 모습을 발견했을 때, 희열이 아니라 충격이 온다. 물론 그 이유는 자신을 아는 자만이 알고 있다.

자기를 '알아서' 죽은 사람의 대명사는 나르키소스다. 아, 그리고 오이디푸스도 있다. 그는 물리적 죽음이 아니라 두 눈을 뽑아버리고 유랑을 선택한다.

먼저 오이디푸스. 아버지를 죽이고 어머니랑 결혼해서 희대의 후레자식이 된 오이디푸스는 무슨 죄를 지었는가?

그리스 비극 『오이디푸스 왕』의 저자 소포클레스. '당신은 당신이 누구인지를 꼭 알아야만 하는가? 진정 그 앎의 결과를 감당할 수 있는가?'라며 우리에게 질문을 던지고 심오한 성찰을 요구한다. 그 비극의 주인공이 바로 '부은oidi 발pous'을 가진 사나이 오이디푸스다.

『오이디푸스 왕』에서 그는 테베의 왕인 라이오스의 아들이었지만 나중에 자라서 아버지를 죽이고 어머니랑 결혼할 운명이라는 신탁이 내려진다. 이에 겁이 난 라이오스는 이를 막기 위해 아이를 산속에 버리지만, 이를 발견한 목동이 이웃나라 코린토스에 보내게 되고, 왕이 맡아 아들로 키우게 된다.

코린토스의 왕자로 자란 그는 자신이 코린토스 왕의 친자식이 아니라는 말을 들었다. 그 소문의 진실 여부를 알지 못한 그는 델포이에 있는 아폴론 신전을 찾아갔다.

"저는, 제 친부모는 누구입니까?"

"너는 너의 아버지를 죽이고, 너의 어머니와 성관계를 맺는다."

놀라운 내답을 들은 그는 무서운 신탁에서 벗어나기 위해 친부모를 모르는 까닭에 코린토스로 돌아가지 않기로 마음먹었다. 우그웨이가 말했듯이 운명을 피하기 위한 몸부림이 운명을 부르는 여정이 시작된 것이다.

그는 고향인 테베로 갔고 그 길에서 어려운 수수께끼를 풀어 스핑크스를 물리친 뒤, 자기 아버지인 라이오스를 만나 아버지인 줄 모르고 결투 끝에 살해한다. 그리고 왕의 미망인이자 자기 어머니인 이오카스테와 결혼하여 테베의 영웅이 된다.

그들 사이에서 네 자녀가 태어났다. 테베에 역병이 돌면서 사람들이 죽어갔다. 그 원인은 다름 아닌 오이디푸스 자신이었다. 원인을 밝히라는 군중들의 요구에 따라 오이디푸스는 한 걸음씩 진실을 찾아나간다. 어머니이자 아내인 이오카스테의 만류에도 불구하고 자신의 과거를, 자기 자신을 알아버린 오이디푸스. 결과는 아주 끔찍한 자기 저주였다. 저주받은 운명을 피하려던 오이디푸스와 이오카스테는 자신들이 누구인지를 알게 된 순간, 비극의 주인공이 되었다. '너 자신을 알라'는 신탁의 지혜는 그들 모자에게는 너무나도 치명적이었다.

오이디푸스는 자신의 두 눈을 찌르고 긴 방랑의 길을 떠난다. 인간이란 무엇인가? 앎이란 왜 비극인가? 자신을 희생해 가면서 우리에게 새로운 질문을 던져 주는 것이 그의 몫이고 그게 운명이니 자신은 그 운명을 회피하지 않겠다는 뜨거운 자세로 말이다.

박찬욱의 〈올드보이〉는 오이디푸스의 변형이다. 주인공 오대수는 이름도 오이디푸스의 패러디이고 그가 진리를 본 뒤에 눈 대신 혀를 자르는 장면도 오이디푸스가 눈을 뽑는 장면의 변용이라 할 만하다. 아버지를 죽이고 어머니와의 근친상간 대신 오대수는 딸과 성관계를 맺고 괴로워한다. 아니, 맺어서가 아니라 그 사실을 알고 괴로워한다. 오이디푸스와 마찬가지로 사실 – 진리를 안 자의 괴로움이다.

과연 앎이란 우리 인간에게 힘이고 약일까? 오이디푸스 신화를 보면 꼭 그런 것만은 아니다. 그리고 신화의 다른 주인공 나르키소스가 앎이 주는 비극의 뒤를 잇는다.

앎에서 죽음으로

오이디푸스가 그렇게 떠나갔다면 나르키소스는 망연자실 제자리에 얼어붙어 그대로 죽음을 맞이했다.

오비디우스의 『변신이야기』에 따르면, 강의 요정 리리오페는 나르키소스를 낳자 테베의 예언자 테이레시아스에게 아들이 오래 살 것인지를 물었는데, 테이레시아스는 "자기 자신을 모르면 오래 살 것"이라고 대답했다고 한다. 너 자신을 알라고 외쳐대는 시대에 자기 자신을 몰라야 하고 알면 오래 못 산다니 별 희한한 신탁도 다 있다. 우리의 나르키소스를 찾아가 보자. 왜 그는 앎에서 죽음으로 직행했는가.

에코는 아름답고 말 잘하는 요정이다. 오직 하나 결점은 말하기를 좋아하여 잡담을 할 때나 논의를 할 때나 끝없이 지껄이는 것이다. 어느 날 에코는 제우스를 찾는 헤라(그녀는 진심으로 제우스를 사랑한다!)의 말에 지루한 대답을 늘어놓다가 자신의 혀를 마음대로 놀리지 못하는 형벌을 받는다. 남의 말이 끝난 뒤에는 똑같이 지껄일 수 있으나 먼저 말을 할 수 없는 '메아리'가 된 것이다.

에코는 어느 날 나르키소스라는 아름다운 청년을 보고 첫눈에 반했다. 짝사랑의 슬픔인가. 먼저 말을 건넬 수가 없었다. 나르키소스는 에코를 무시했고 다른 요정들의 구애도 모른 척했다. 그의 관심을 끌려다 소박만 맞은 어느 요정이 나르키소스가 사랑이 무엇인지 알게 하고, 사랑의 보답을 받지 못하는 것이 얼마나 비참한 일인지 깨닫고, 그 고통으로 죽어가기를 바라는 간절한 기도를 올렸다.

어느 날 나르키소스는 연못가에 가서 물을 마시려다 물속에 비친 자기 모습을 보고는 연못에 사는 아름다운 요정이라고 생각했다. 빛나는 두 눈, 아름다운 머릿결, 둥그스름한 두 볼, 상아 같은 목, 갈라진 입술을 정신없이 바라보며 서 있었다. 사랑에 빠진 것이다.

그는 그곳을 떠날 수가 없었다. 먹는 것도 잠자는 것도 잊고 연못가에서 서성거리며 물속의 자기 모습만 바라보고 있었다. 그곳에서 식음을 잊던 그는 혼자 가슴을 태우다가 죽었다. 그의 망령이 지옥의 내를 건널 때 그는 배 위에서 몸을 굽혀 물속에 비친 자기의 모습을 찾으려 했다. 에코를 비롯한 요정들은 가슴을 두드리며 슬퍼하고 화장하려 했으나, 시체를 발견할 수가 없었다. 그 대신 한 송이 꽃을 발견했는데, 사람들은 그것을 나르키소스(수선화)라 부르며 그의 추억을 영원히 간직하고 있다.

나르시시즘은 정신분석학에서 자아도취, 자기애自己愛를 뜻하는 것으로, '나르키소스'의 이름을 따서 독일의 네케necke가 만든 용어다. 정신의학에서 나르시시즘이라는 용어는 환자가 지나치게 자신의 몸과 얼굴에 관심을 가지는 상태를 의미한다.

문제는 나르키소스가 자기 자신을 알았다는 것이다. 자신의 진면목을 비추는 거울은, 거울에 비친 자기를 바라보는 일은 그렇게 무섭다.

거울처럼 자신의 얼굴을 보여주는 용의 문서. 그 문서에 담긴 명령은 '너 자신을 알라!'였다. 자신의 참 모습을 본 뒤 나르시시즘적인 절망의 표정으로 일그러진 타이렁의 눈빛은 하염없는 자기애로 고통 받다 연못에 빠져 죽은 나르키소스의 안타까움을 연상케 한다. 이런 눈빛은 교만(나르키소스)이든 분노(타이렁)든 진정으로 자기를 알게 되었을 때 스스로에 대한 절망을 이기지 못하고 좌절과 죽음의 충동으로 나아가는 비극의 주인공들에게서 나타난다.

공부를
사랑하라
—
AMOUR

KUNG

FU

13
밥은 하늘이다

사랑은 나눔입니다.
나눌수록 새 힘이 차오릅니다.
나누면 더 커지고 나누어야 함께 성장할 수 있습니다.
나눔은 행복감의 실체이고, 사회 진보의 알갱이이고, 평화의 속살입니다.
나눔은 선이고 독점은 악이 됩니다.
나눔만이 나눔을 막을 수 있고 나눔으로 하나가 될 수 있습니다.

- '나눔문화' 창립 취지문에서

한 마디의 말

이제 악당을 물리치고 깨달음을 얻은 주인공 포가 스승과 함께 말없이 밥을 나누는 아름다운 장면을 함께 살펴보자.

> 힘들고 괴로운 때가 와도 같이 밥을 먹어야 가족이다. 배고픈 사람을 혼자 두지 않아야 식구다. "밥은 먹고 다니냐?" 누군가 내게 전화 걸어 안부를 묻는 것만으로도 제법 기운이 날 때가 있으니. 때로 우리는 작은 '관심'에서 큰 '밥심'을 얻기도 하는 것이다.
> – 함께 밥을 먹어야 가족이다. 김세윤(방송작가)

사람이 죽고 싶을 때 가장 힘이 되는 한 마디는 무엇일까?

박완서 소설 「옥상의 민들레꽃」에는 자살을 시도하려다가 흙 틈 사이로 가녀리게 피어난 민들레꽃에 감동을 받아 다시 살기로 결심한 꼬마 이야기가 나온다. 인간이 인간을 인간으로 대하지 않을 때 사람들은 목숨을 버린다. 삶의 의미를 스스로 느끼지 못하기 때문이다. 안타깝지만 이런 현실은 남녀노소를 막론하고 우리 사회에 만연해 있다. 살기 싫을 때, 아니, 간절히 살고 싶으나 살아갈 힘이 없을 때, 우리를 구원한 최고의 목소리는 무엇일까? 아마도 "밥 먹어라, 같이 밥 먹자"라는 말이 아닐까?

인간은 왜 살아갈까?

물론 잘 죽기 위해서다. 움직이는 삶은 그 움직임 때문에 온전히 드러나지 않는다. 그런 의미에서 자기 삶의 기억을 많은 사람들에게 남긴 위인들은 죽어서도 사는 사람이고 그런 사람들은 영원히 평가할 수 없는 사람들이다.

살아서 왜 사는가를 묻는 것은 무의미하다. 중요한 건 어떻게 사는가를 물을 수 있을 뿐. 그 가운데 어떻게 살아가는 일이 가장 바람직한가를 묻는다면 그에 대한 대답 또한 '밥을 맛나게 나누어 먹는 삶'이 아닐까?

영화 〈고령화 가족〉의 주인공, 백수이며 영화감독인 오인모도 죽고 싶은 심정으로 자살까지 시도하려 하지만 "집에 와서 밥 먹고 가"라는 엄마의 한마디 말에서 살아갈 힘을 얻는다. 예전부터 어른들이 젊은 아이들을 보면 먼저 하시던 말씀이 "밥은 먹었니?"였다. 밥이야말로 진짜 생명이고 힘이었기 때문이겠다. 농경사회에서는 같이 농사를 짓고 너른 들판에서 밥을 함께 먹는 게 행복

이고 보람이었다. 산업사회도 지나 후기 산업사회, 아니 후기 정보화사회를 살아가는 이 시대에도 밥의 가치는 변함이 없다. 고대에 군주가 있고, 중세에 신이 있고, 그 이후 자본이 지배하는 시대지만 그 모든 시대를 통틀어 변함 없는 가치는 밥이다. 아무리 인간이 진화하고 진보해도 밥은 시대 고하를 막론하고 최고의 열정이고 이성이며 윤리다.

"뭐 좀 먹을까요?"

"그래."

모든 일을 마친 스승과 제자. 시푸와 포는 더할 나위 없이 평화로운 마음으로 통한다. 이른바 이심전심, 염화미소拈華微笑(마음에서 마음으로 전함)의 세계다. 그들이 나누는 마음의 평화는 밥으로 이루어진다.

그 세계의 최종 심급은 결국 '같이 밥 먹자' 그 이야기다. 자기 욕구를 이기지 못하던 포는 그 전에는 혼자만 먹었다! 이제 도를 깨우친 포는 스승에게 같이 밥 먹자고 말을 건넨다. 그렇다, 그게 성장이고, 배움이다. 내가 도저히 받아들이기 힘들었던 누군가에게 밥을 나누는 손길을 건네는 것, 그게 공부의 최종 심급이 아닐까!

진정한 천국

그러므로 세상에서 가장 나쁜 삶은 승자독식勝者獨食이다. 다양성의 가치를 무시한 채 우열이나 승패를 가르는 일도 나쁘지만 그 결과로 남의 밥그릇을 차버리고 빼앗는 행위가 더 나쁘다.

2013년 봄 대통령 해외 순방 때 세상을 들썩이게 한 메가톤급 성추문 파문으로 잠시 수그러들긴 했지만 이 사회를 장악한 온갖 추잡한 갑들, 아니 아주 나쁜 슈퍼 갑들이 나쁜 이유는 바로 그것이다. 우승을 위해 노력하고 목표를 이루는 것까지는 나무랄 게 아니라 칭찬할 일이지만, 그 결과로 독식에 눈이 멀어 약자들을 무시하고 사람들을 죽음으로 내모는 행위는 참다운, 정상적인 공부가 아니다.

힘없고 어려운 사람들을 죽음으로 내모는 자본의 횡포, 언론과 권력의 무자비한 폭력도 모두 강자가 독차지하는 추악한 욕망이 빚어낸 결과들이다. 삼성전자의 반도체 공장, 한진중공업, 쌍용차, 남양유업, 배상면주가, 재능교육, 한국전력, 해군기지……. 끝도 없이 이어지는 이런 독식자의 행렬을 우리는 언제까지 보아야만 하는 걸까.

밥 하면 생각나는 자리들이 적지 않다. 밥퍼 목사로 유명한 최일도 목사님을 비롯해 십시일반으로 어려운 사람들을 돕는 개인이나 단체들도 오른손이 하는 일을 왼손이 모르게 꾸준히 하고 있을 것이다.

아는 분의 소개로 '나눔문화'라는 곳을 방문했다. 20세기 주요 사상가인 '이반 일리치'의 사상과 실천을 공부하는 특강 자리였다. 생태주의와 사회주의를 넘나들면서도 양 극단에 치우치지 않고 다층적 문화 의식 속에서 공생의 문화를 제창한 사제 출신 사상가 일리치 이야기도 좋았지만 '나눔문화'라는 공간과 분위기, 함께 하는 사람들이 더욱 인상적이었다. 나눔문화가 무엇을 하는 곳인가 찾아보니 그 정신과 활동이 무척 뜻깊고 아름다운 곳이었다. 창립 취지가 담긴 소개글을 보니 오늘날 우리 시대의 공부 방향이 오롯이 보였다. 한 부분을 인용한다.

전 지구적 시장권력이 개개인의 이기적 욕망의 뿌리까지 파고드는 지금, 비판과 주장 못지않게 대안 삶의 창출이 절실합니다.

〈중략〉

사랑은 나눔입니다.

나눌수록 새 힘이 차오릅니다.

나누면 더 커지고 나누어야 함께 성장할 수 있습니다.

나눔은 행복감의 실체이고, 사회 진보의 알갱이이고, 평화의 속살입니다.

나눔은 선이고 독점은 악이 됩니다.

나눔만이 나뉨을 막을 수 있고 나눔으로 하나가 될 수 있습니다.

우리 사회의 빈부 갈등과 지역 대립, 남북 분단을 해결하기 위해서도 나눔 문화의 실천이 필요합니다.

극한의 대립이 아닌 평화의 나눔. 말과 밥과 삶을 나누는 문화의 창달. 지구촌 현장의 곳곳에서 고통 받는 사람들을 외면하지 않으면서 더불어 살아갈 길을 모색하는 것, 그것이 나눔문화의 정신이고 실천이다.

나눔문화에 첫날 걸음을 하면서 말씀보다 인상적인 것은 소박한 밥 한 그릇이었다. 반찬이야 달랑 한두 조각의 밑반찬이지만, 서둘러 오시는 분들의 공복과 허기를 달래 주려는 섬김의 마음. 그 마음이 더욱 크게 느껴진 까닭이다.

〈쿵푸 팬더〉의 마지막 장면이 스승과 제자 사이에 그냥 고요히 밥을 나누는 모습이라는 점은 그래서 참으로 인상적이다. 마지막 장면을 아름다운 밥 나눔으로 끝낸 가장 인상적인 영화는 봉준호 감독의 〈괴물〉이었다. 천만 관객이나 괴물과 숙주, 탐욕적 외세와 자본을 이야기하기 전에 〈괴물〉은 최고의 영화 가운데 하나다.

우선 괴물의 존재가 그렇다. 어떤 의미에서 영화 속의 괴물은 '용의 문서를 모르는 타이렁'이다. 〈쿵푸 팬더〉의 타이렁은 탐욕과 분노와 어리석음에 빠져 자기를 죽일 '용의 문서'를 욕심 부리지만, 〈괴물〉의 괴물은 무념무상의 존재인 듯 말도 없고 추구하는 방향과 목적도 없다. 뿌리 없이 뻗어나가는 무의식적 욕망의 존재다.

〈괴물〉에도 포처럼 엄마는 없고 아버지만 있는 여주인공 현서가 등장한다. 포와 달리 꿈이 없어서일까? 괴물의 등장과 함께 현서는 피식자가 되고, 딸을 찾으려는 아버지와 괴물의 한판 승부가 벌어진다. 영화가 보여주고자 하는 실제 괴물은 괴물이 아니라 '괴물'을 둘러싸고 벌어지는 한국 사회의 다양한 풍경과 조직들이다. 언론, 경찰, 군대, 병원, 친구, 가족 등. 우리가 일상에서 맺은 관계와 둘러싼 사회조직이 알고 보면 현서를 잡아먹은 괴물보다 더 무서운 괴물들의 연결망임을 말해 준다.

괴물에 맞서 현서를 구하려는 삼촌과 고모의 눈물겨운 투쟁기는 영화의 또 다른 매력이다. 〈고령화 가족〉에서 밥도 못 먹고 다니던 박해일이 여기서도 루저 386의 아류쯤으로 등장하여 화염병을 남발, 난발한다. 활의 달인 배두나의 도움으로 화염병은 비로소 그 가치를 다한다. 느림의 미학일까, 아니면 적확한 이성의 힘일까. 거기에 송강호의 육탄 공격으로 비로소 괴물을 죽이지만(아, 불쌍한 괴물!) 그 입에서 건져낸 것은 그토록 애타게 찾던 딸 현서가 아니라 매점에서 먹을 것을 찾아 헤매던 고아였다.

영화의 마지막을 장식하는 식사 장면은 그래서 아름답다. 비록 자기 딸을 구하지 못했지만 버림받은 아이를 가족으로 받아들여 한가족처럼 밥을 먹는 장면은 주인공 송강호의 거듭남을 보여주는 장면이다. 전에는 딸에게 맥주나 먹이려던 못난 아버지가 아니었던가. 그런 의미에서 괴물은 밥이자 스승이다. 송강호의 스승이고 나의 스승이다. 말로 표현할 수 없는 것. 영화 속에서나 은유로 표현되지만 세상에 분명 존재하는 것, 감각을 넘어서기에 엄연히 있어 왔지만 언어로 담아내지 못하는 그것이다.

부처님은 말로 설법하지 않았다. 평생을 말로 설법했지만 당신은 아무 말도 하지 않았다고 했다. 아니, 아무 말도 하지 않았으면서 세상의 모든 진리를 다 말했을 것이다.

아는 자는 말하지 않고, 말하는 자는 알지 못한다는 것은 노자가 깨우쳐 준 진리다. 그 침묵도, 무지도, 언어도 다 밥이다. 하늘이다. 말없이 웃으며 서로를 보고 인사할 수 있을 때 그게 천국이다.

꿈을 꾸되, 꿈에서 깨어나라!

오랜 시간 동안 꿈을 꾸는 사람은 결국 그 꿈과 닮아가게 되리라.
- 니체

꿈은 도망가지 않는다, 도망치는 건 언제나 자신이다.
- 짱구 아빠

긴 꿈의 이야기를 마칠 시간이다.

공부 고수 팬더의 이야기를 꿈꾸는 데서 시작했으니 꿈을 깨는 이야기로 마무리해야겠다. 한국 사회에서 대중의 화제에 오른 두 사람 이야기로 시작해 보자. 그 두 주인공은 바로 싸이와 조용필이다.

2012년 지구촌 대중음악계를 뒤흔든 사건이 벌어졌다. 그 주인공은 싸이. 〈강남스타일〉이란 뮤직비디오가 세계인의 관심과 흥미를 끌면서 싸이를 월드스타로 만들었다. 〈강남스타일〉의 인기는 2013년에도 이어졌고, 그 선정성이나 국적성 논란에도 불구하고 세계적인 열풍을 불러일으켰다.

전 세계를 들썩거리게 한 싸이가 가요계의 한쪽을 차지하는 동안 연예계 다른 한쪽에서는 소리 없이 귀환한 가왕의 전설 조용필로 들썩거렸다. 그의 풋풋하고 새로운 노래들은 바운스 바운스 심장 뛰는 소리로 대중의 귀와 가슴을 흔들었다. 싸이와 조용필. 이 둘은 오랜 세월 노래 속에서 자신의 꿈을 찾아온 사람들이다. 우리의 꿈 이야기는 이 둘을 통해 풀어도 손색이 없지 않을까.

두 사람은 오랜 세월 꾸어 온 꿈을 현실로 합치시켰다.

그렇다. 인간은 꿈을 꾸지만 꿈에 매몰되거나 꿈 속의 삶에 파묻혀 시간을 다 보내는 것은 아니다. 꿈은 언젠가 현실이 되어야 하고 그건 꿈을 깨서 그 꿈과 하나가 된다는 뜻이다. 호접몽의 주인공 장자가 꿈 속에서 내가 나비인지 나비가 나인지, 내가 나비 꿈을 꾼 것인지 나비가 내 꿈을 꾼 것인지 하는 꿈과 현실, 나와 나비를 넘나든 경지가 바로 그것이 아닐지.

그러므로 꿈을 닮아간다는 말은 꿈과 현실의 경계를 무너뜨려 현실이 꿈이 된다는 말, 꿈이 현실이 된다는 말이다.

나도 오랜 세월 꿈을 꾸어 왔다. 2000년 처음으로 원탁 토론을 만나면서 토론 교육과 토론을 통한 소통, 민주주의를 꿈꾸었고, 조용필 노래의 가사처럼 외롭지만 산꼭대기에 올라가 굶어서 얼어죽는 저 높은 킬리만자로의 표범을 꿈꾸었다.

"바람처럼 왔다가 이슬처럼 갈 수 없잖아. 내가 산 흔적일랑 남겨둬야지. 한줄기 연기처럼 가뭇없이 사라져도 빛나는 불빛으로 타올라야지. 묻지 마라 왜냐고 왜 그렇게 높은 곳까지 오르려 애쓰는지 묻지를 마라. 고독한 남자의 불타는 영혼을 아는 이 없으면 또 어떠리."

나도 고독의 길을 전사처럼 걸어왔지만 그건 일종의 타협이었다. 집과 학교라는 공간을 벗어난 새 길을 찾기에는 아직 많이 부족한 탓이다.

소설가 김연수는 말했다.

"자신의 운명에 대해서 알고 싶다면 지금 자신이 누구인지 말할 수 있어야만 할 것이다. 자신이 무엇을 간절하게 소망하고 무엇을 그토록 두려워하는지 알게 되면 자신이 누구인지 말할 수 있을 것이다.(……) 그건 당신도 나도, 식민지에서 살아가는 그 누구도 마찬가지다. 나라를 빼앗기고 남의 땅에서 살아가는 한, 우리는 우리가 아닌 다른 존재를 꿈꿀 수밖에 없다. 자기 삶의 주인만이 지금 여기가 아닌 다른 어딘가를 꿈꾸지 않는다."(『밤은 노래한다』, 김연수)

주인으로서 살아가지 못하는 자는 지금 여기를 꿈꾸지 못한다. 주인 된 사람은, 오랜 잠에서 깨어난 자만이 지금 여기서 생생히 살아가는 자기를 느끼는 법이다.

깊이 생각해 보면 꿈과 관련된 진정한 서술어는 두 개다. 꾸다 아니면 깨다. 이루어진다는 말은 사실 '깨다, 깨어남으로써 꿈과 현실이 하나가 된다'와 동의어다.

꿈을 꾸지 않으면 어찌 깰 수 있겠는가. 또 꿈에서 깨어나기 위해서는 꿈을 꾸어야 한다. 그런 점에서 꿈은 꾸어야 하고 또 깨어야 한다. 만약 꿈만 꾸고 꿈에서 깨어나지 못한다면 영원히 림보 상태(영화 〈인셉션〉에서 볼 수 있듯이 꿈속의 꿈속의 꿈속의 꿈, 즉 무한히 꿈만 꾸는 비현실적 어리석음의 세계 속에 잠든 상태)에 갇히게 된다. 잠자는 숲속의 마녀가 아니라면, 살아도 산 존재가 아닐 것이다.

살아보면 한평생, 갈 때 돌아보면 그림자처럼 어둡고 황혼의 일몰처럼 스산하다. 아등바등 살아온 나날이 길기만 하지만, 눈 깜깐 감았다 뜨면 사라질 한세월이다.

그러므로 살아 있다면 깨어 있으라!

조용필이 고독한 킬리만자로의 표범(1985)을 꿈꾸는 동안 싸이는 동시대에 진정한 '챔피언(2002)'을 노래했다. 어느 쪽이 고수일까? 챔피언과 킬리만자로의 표범. 취향의 문제일지 수준의 문제일지 가늠하기 어렵지만, 결국 이 고독과 축제는 인생사의 양바퀴처럼 우리 인간이 안고 가야 할 삶의 한 과정임에는 틀림없겠다.

불가능한 혁명의 꿈을 이룬 체 게바라. 꿈에 관한 그의 명언은 지금도 많은 사람들의 기억 속에 남아 사랑받는다.

리얼리스트가 되자. 그러나 가슴속에는 불가능한 꿈을 꾸자.

불가능은 무엇인가? 나폴레옹 말대로, 아니 우그웨이 말대로 '불가능은 없다!' 불가능은 정면 돌파를 꿈꾸지 않은, 도전하지 않은 자가 만들어낸 변명에 불과하다. 그러므로 요즘 많이 들리는 말로 '피할 수 없으면 즐겨라!' 진정으로 즐길 줄 아는 당신이 진정한 챔피언이니까.

진정 즐길 줄 아는 여러분이 이 나라의 챔피언입니다
모두의 축제 서로 편 가르지 않는 것이 숙제
소리 못 지르는 사람 오늘 술래 다 같이 빙글빙글 강강수월래
강강수월래(수월래)
함성이 터져 메아리 퍼져 파도 타고 모두에게 퍼져
커져 아름다운 젊음이 갈라져 있던 땅덩어리
둥글게둥글게 돌고 도는 물레방아
인생 사나인데 가슴 쫙 펴고 화끈하게
손뼉을 치면서 노래를 하면서
이것 보소 남녀노소 좌우로 흔들어
(챔피언) 소리 지르는 네가 (챔피언) 음악에 미치는 네가
(챔피언) 인생 즐기는 네가 (챔피언) 네가 (챔피언) 네가
(챔피언) 소리 지르는 네가 (챔피언) 음악에 미치는 네가

(챔피언) 인생 즐기는 네가 챔피언

– 〈챔피언〉, 싸이

꿈꾸는 만큼 세상은 변화한다. 도전하는 만큼 삶은 멋있어진다. 공부의 진짜 신 팬더가 우리에게 주는 멋진 교훈이다. 그러니 공부를 어찌 사랑하지 않으랴.

보이스 비 쿵푸셔스Boys be kungfucious!

호모스 비 쿵푸셔스Homos be kungfucious!

호모, 러브 쿵푸!

아이 러브 쿵푸를 외쳐 보자.

소리 높이 외쳐 보자. 포처럼 외쳐 보자.

중고등학생들과 공부하는 자리에서 자기가 가장 좋아하는 명언을 써 보라고 하면 가장 많이 나오는 말이 있다.

그것은 바로 "내가 헛되이 보낸 하루는 어제 죽어간 사람이 그토록 바라던 하루다. 단 하루면 인간적인 모든 것을 멸망시킬 수 있고 다시 소생시킬 수도 있다"는 소포클레스의 명언이다.

오늘 하루, 오늘이 어제이고 오늘이 내일이며 오늘이 나이고 오늘이 바로 당신이다.

오늘만이, 참된 하루, 이 순간만이 우리가 살아 있음을 느끼는 유일의 시간이다.

바로 이 순간이다, 그러므로 우리 모두 챔피언으로 카르페 디엠!

인용 작품과 자료

시

「풀꽃」	나태주 『너도 그렇다』, 종려나무, 2009
「그 꽃」	고은 『순간의 꽃』, 문학동네, 2001
「새 봄」	김지하 『중심의 괴로움』, 솔, 1994
「담쟁이」	도종환 『당신은 누구십니까』, 창작과비평사, 1993
「여전히 반대말 놀이」	김선우 『나의 무한한 혁명에게』, 창비, 2012
「거울」	이상 『한국근대시사』, 민음사, 2011

소설

『달려라 아비』	김애란 창비, 2005
『바람의 화원』	이정명 밀리언하우스, 2007
『밤은 노래한다』	김연수 문학과지성사, 2008

곡(가사)

〈이룰 수 없는 꿈〉	Darion Joseph
〈길 위에서〉	양윤정
〈킬리만자로의 표범〉	양인자
〈챔피언〉	FALTERMEYER HAROLD

단행본 기타

『전습록, 앎은 삶이다』	문성환 북드라망, 2012
『그건, 사랑이었네』	한비야 푸른숲, 2009
「초월에서 포월로」	김진석 『이상 현실, 가상 현실, 환상 현실』, 문학과지성사, 2001

『니체, 천개의 눈, 천개의 길』 고병권 소명출판, 2001

『소설 속의 철학』　　　　이왕주·김영민 문학과지성사, 1997

『미래의 맑스주의』　　　　이진경 그린비, 2006

『논어한글역주3』　　　　　김용옥 통나무, 2008

『김예슬 선언』　　　　　　김예슬 느린걸음, 2010

『사랑, 그 환상의 물매』　　김영민 마음산책, 2004

『허생전을 배우는 시간 / 애기똥풀 / 허공에 걸린길 외』

　　　　　　　　　　　　최시한 등 두산동아, 1995

〈우리의 진리는 왜 우리를 아프게 하는가〉

　　　　　　　　　　　　김영민《한겨레》, 2008